JOACHIM HELLINGER UND THOMAS WITT (HG.)

ABENTEUER

INHALT

EINLADUNG ZUM ABENTEUER   11
Joachim Hellinger, Thomas Witt

WINTERSURFER NORWEGEN   16
Inge Wegge, Jørn Nyseth Ranum

DER INNERE KOMPASS MONGOLEI UND RUSSLAND   28
Amber Valenti, Becca Dennis, Sabra Purdy, Krystle Wright

WINTERSEILSCHAFT PAKISTAN   40
Simone Moro, Denis Urubko, Cory Richards

IN MITTELERDE NEUSEELAND   46
Kieran McKay

DER TRAUM VOM FLIEGEN FRANKREICH   58
Ellen Brennan

DURCHGEZOGEN KANADA   64
Chris Bray, Clark Carter

RIESENAUFRISS USA   74
Tom Randall, Pete Whittaker

DAS VERGESSENE LAND KIRGISISTAN   78
Christoph Rehage

SPEED UND SKI PAKISTAN   88
Benedikt Böhm

HIGH LIFE USA UND BRASILIEN   96
Andy Lewis

S. 2/3 Mit der Shark's Fin am Mount Meru in Nordindien bezwingt Conrad Anker eine der härtesten Kletterrouten der Welt.

S. 4/5 Tomata 2: Etwas über 21 Meter hoch ist dieser Wasserfall in Mexiko – und damit eine Herausforderung für jeden Kajaker.

S. 6/7 Auf Südgeorgien lässt Emma Simonsson den Campingkocher brodeln. Die Insel im Südatlantik hat keine permanente Bevölkerung.

DER NEUE ROBINSON KÖNIGREICH TONGA 106
Xavier Rosset

EISZEIT KANADA UND TANSANIA 112
Will Gadd

IM RAUSCH DER TIEFE NEUKALEDONIEN 122
Guillaume Néry

TANZ DER PINGUINE SÜDGEORGIEN 130
Vera Simonsson, Emma Simonsson, Kristin Folsland Olsen

STROM DES LEBENS DEMOKRATISCHE REPUBLIK KONGO 142
Hendri Coetzee, Chris Korbulic, Ben Stookesberry

DER LEUCHTENDE PFAD MEXIKO 150
Alex Honnold

HÖHENLUFT GROSSBRITANNIEN 156
James Kingston

REIFEPRÜFUNG ARGENTINIEN UND PAKISTAN 166
David Lama

DSCHUNGELFIEBER MEXIKO 178
Tyler Bradt

GIPFEL DER GEFÜHLE PAKISTAN 184
Tamara Lunger

STRASSE NACH KARAKOL KIRGISISTAN 194
Kyle Dempster

GRATWANDERUNG INDIEN 204
Conrad Anker, Jimmy Chin, Renan Ozturk

DIE MENSCHEN HINTER DER KAMERA 216

EINLADUNG ZUM ABENTEUER

Es ist sieben Uhr morgens. Am Ufer eines reißenden Flusses steht Kyle Dempster. Auf dem Kopf trägt er einen Kletterhelm, vor sich einen wasserdichten Packsack. Ansonsten nichts. Kyle ist splitterfasernackt. Er muss um jeden Preis den tosenden Strom durchqueren – und hofft, dass er am anderen Ufer den Weg zurück in die Zivilisation findet. Vor Wochen war der Kaffeehausbesitzer aus Salt Lake City aufgebrochen, um Kirgisistan mit einem einfachen Mountainbike zu erkunden. Stets hat er sich für den weniger befahrenen, den unbekannten Weg entschieden. Bis da kein Weg mehr war. Jetzt steht er nackt am Ufer – es geht um alles ...

Abenteuer, Wagnis. Schließe die Augen und denke an dein größtes Abenteuer. Einzelne Bilder blitzen auf, einzigartig und unverwechselbar. Sie reihen sich zu einem Film über ein Erlebnis weit jenseits des Alltagstrotts. Es läuft: die Geschichte einer intensiven und prägenden Erfahrung. Jeder von uns hat seine individuelle Vorstellung vom Abenteuer. Es beginnt dort, wo die Komfortzone endet, wo Verlässlichkeit schwindet und Ungewissheit überhandnimmt, wo die Existenz gefährdet sein kann und neue Erfahrungen, andere Formen des Lebens möglich sind. Die Definition von Abenteuer ist subjektiv und persönlich, weil jeder von uns den Grenzbereich zwischen der gewöhnlichen und der außergewöhnlichen Welt anders beschreibt. Viele von uns kostet es enorme Überwindung, Bequemlichkeit und Berechenbarkeit des Alltags zu verlassen. Besteht keine absolute Notwendigkeit, schrecken wir davor zurück. Doch genauso häufig treiben pure Neugierde und das Verlangen, die eigenen Grenzen auszutesten, die Menschen an, das Abenteuer bewusst zu suchen.

Beim Klettern auf den Resten des Kilimandscharo-Gletschers läuft dem Kanadier Will Gadd die Zeit davon: Der Klimawandel hat hier seine Spuren hinterlassen.

Zurück zu deinem Film. Wie hast du dich gefühlt, nachdem alles überstanden war? Innerlich gestärkt und beseelt mit einer neuen Sicht auf die Welt? Risiken und Quälereien fast vergessen? Und gab es da nicht plötzlich das Verlangen nach mehr ... Abenteuer?

Dann ergeht es dir wie den Menschen in diesem Buch. Zum Beispiel Xavier Rosset: Der Snowboardlehrer lässt sein Leben in einem exklusiven Schweizer Skigebiet hinter sich, um ganz allein 300 Tage auf einer einsamen Insel zu verbringen. Schnell gerät er an seine physischen und psychischen Grenzen. Doch langsam verändert ihn die Einsamkeit, sowohl innerlich als auch äußerlich, und er kehrt als Botschafter für ein einfacheres und glücklicheres Leben im Hier und Jetzt zurück. Oder die professionellen Bergsteiger Conrad Anker, Jimmy Chin und Renan Ozturk. Ihre Komfortzone scheint enorm zu sein. Selbst bei Sturm und Minusgraden fühlen sie sich in einem *Portaledge* noch geborgen, auch wenn sie in einer senkrechten Felswand Hunderte von Metern über dem Abgrund baumeln. Sie wollen den Gipfel des 6660 Meter hohen Mount Meru über die noch unbezwungene Shark's Fin besteigen, eine der schwierigsten Kletterrouten der Welt. Grenzüberschreitungen sind für sie Routine, die Leidensfähigkeit gehört zum Handwerk. Doch nicht immer geht es darum, der Erste zu sein oder Terra incognita zu erobern. Die beiden Norweger Jørn und Inge wollen einfach nur gute Wellen reiten. Weil diese vorwiegend in den kalten Monaten an der nordnorwegischen Küste brechen, überwintern sie auf den Lofoten – in einer Hütte, die sie aus Treibgut errichten. Neben Surfen und Holzhacken wird das Müllsammeln ihr Zeitvertreib. Am Ende des Winters errichten sie einen drei Tonnen schweren Müllberg – als Mahnmal gegen die Verschmutzung der Meere. Neben den epischen Surfsessions in der Polarnacht bleibt die Gewissheit, hier die beste Zeit ihres Lebens zu verbringen.

Nur der Augenblick zählt. So empfinden viele Abenteurer. Ellen Brennan erlebt diese intensivste Form des Seins, wenn sie mit ihrem Wingsuit entlang eines Bergrückens oder durch enge Schluchten fliegt. Free-Solo-Kletterer Alex Honnold, wenn er ohne Seil und Haken Felswände durchsteigt, und Andy Lewis, wenn er seine Slackline über einen Canyon spannt. Höhlenforscher, Eiskletterer, Dschungelkajaker: Die Menschen in diesem Buch sind die Stars unserer EUROPEAN OUTDOOR FILM TOUR, die seit 2001 mit den besten Abenteuerdokus des Jahres Hunderttausende in ausverkaufte Säle lockt. Unsere Helden haben mit ihren Geschichten ein Millionenpublikum erobert und einer ganzen Generation Lust auf Abenteuer vermittelt. Einige der herausragenden Geschichten stellen wir in diesem Bildband vor. Nicht zuletzt auch als Inspiration für den Film deines ganz persönlichen Abenteuers.

Thomas Witt und Joachim Hellinger

Kyle Dempster fuhr wochenlang mit seinem Rad durch Kirgisistan. Neben Land und Leuten entdeckte er dabei auch neue Seiten an sich selbst.

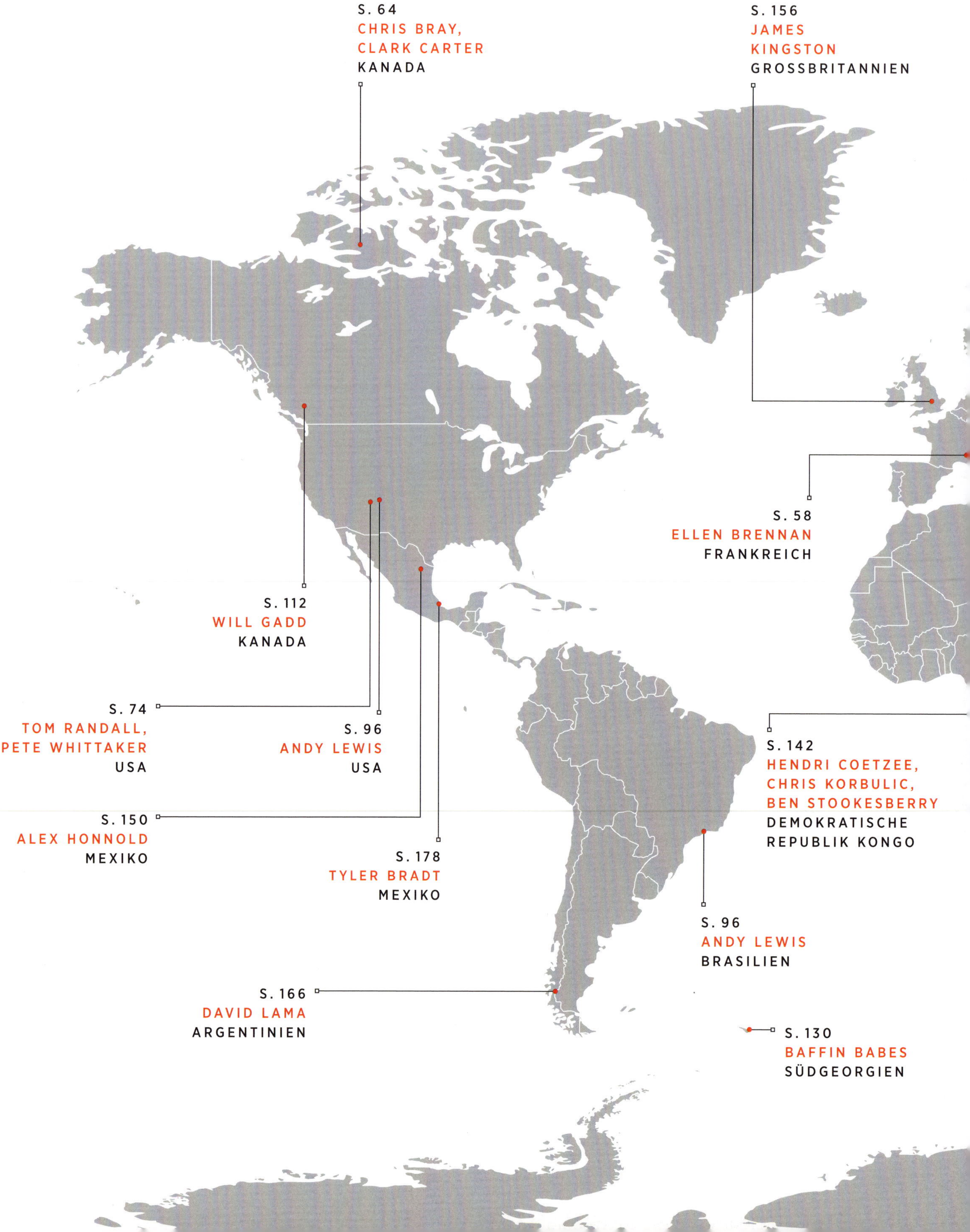

14 WELTKARTE

S. 64
**CHRIS BRAY,
CLARK CARTER**
KANADA

S. 156
**JAMES
KINGSTON**
GROSSBRITANNIEN

S. 58
ELLEN BRENNAN
FRANKREICH

S. 112
WILL GADD
KANADA

S. 74
**TOM RANDALL,
PETE WHITTAKER**
USA

S. 96
ANDY LEWIS
USA

S. 142
**HENDRI COETZEE,
CHRIS KORBULIC,
BEN STOOKESBERRY**
DEMOKRATISCHE
REPUBLIK KONGO

S. 150
ALEX HONNOLD
MEXIKO

S. 178
TYLER BRADT
MEXIKO

S. 96
ANDY LEWIS
BRASILIEN

S. 166
DAVID LAMA
ARGENTINIEN

S. 130
BAFFIN BABES
SÜDGEORGIEN

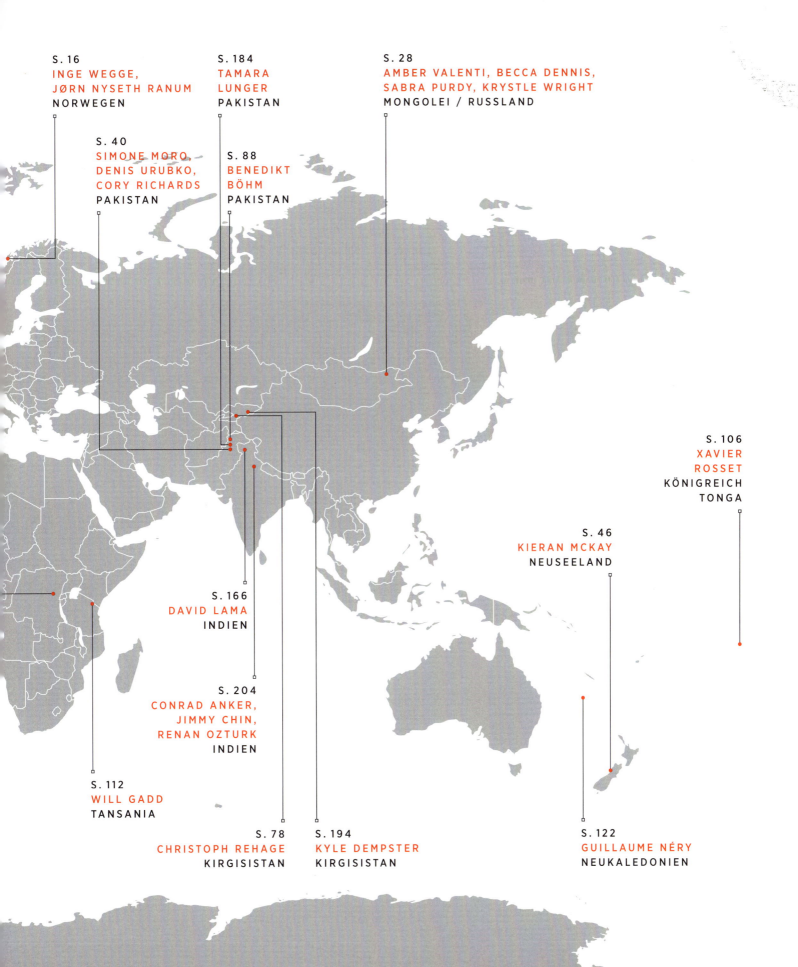

WINTERSURFER
NORWEGEN

Die beiden norwegischen Surfer **Inge Wegge und Jørn Nyseth Ranum** suchen den perfekten Strand. Wirklich schön wird dieser erst, nachdem sie ihn gefunden haben: Aus dem angeschwemmten Müll des Nordmeers bauen sie sich eine kleine Hütte – und überwintern dort.

Eine alte, verrostete Tonne, die vermutlich jahrzehntelang im Ozean dahintrieb – sie dient jetzt als Ofen. Das Holz knistert, die Tonne dampft, die kalte Feuchtigkeit ist zumindest auf diesen wenigen Quadratmetern auf dem Rückzug. Nach mehreren Wochen Arbeit haben Inge Wegge und Jørn Nyseth Ranum sich so etwas wie ein Zuhause gebaut inmitten der Kälte, sie freuen sich wie kleine Kinder. Denn das Feuer bedeutet, dass sie länger bleiben können an jenem Ort, den sie für sich als vorübergehendes Paradies ausgemacht haben.

S. 16/17 Wer unterm Polarlicht surfen will, muss hart im Nehmen sein. Die Wassertemperatur liegt nur knapp über dem Gefrierpunkt.

»Am wichtigsten war uns, so gut wie jeden Tag surfen gehen zu können. Und zweitens, dabei ein einfaches Leben zu führen«, erzählt Inge Wegge über die ursprüngliche Idee. Dafür suchten sie sich einen Ort an der Küste Nordnorwegens aus. Auch wenn einige Menschen ihn schon aufgespürt haben – die genaue Lage würden die beiden gerne geheim halten. Jeder kann sein eigenes Paradies finden, glaubt Inge.

Dieses hier sieht folgendermaßen aus: Links und rechts Hunderte Meter hohe Felswände, geradeaus das Nordmeer mit vielen krachenden Wellen. Weil diese Wellen im Winter höher sind als im übrigen Jahr, haben sie beschlossen, die Temperaturen so gut es geht zu ignorieren. Es gibt keinen Plan, wie lange sie bleiben wollen.

Sie bleiben neun Monate. Und stellen dabei fest, dass ultimatives Freiheitsgefühl und soziales Engagement durchaus zusammenpassen können.

Am Anfang ist der Strand voller Müll. Die fünf Quadratmeter kleine Hütte, die aussieht wie von Hobbits erbaut, sägen, kleben und zimmern sie ausschließlich aus all den Überresten zusammen, die andere Menschen irgendwann zuvor ins Meer geworfen haben. Selbst mitgebracht haben sie bloß das nötigste Werkzeug. Aus Holzpaletten und zerdellten Bojen bauen sie sich eine Schubkarre. Alles wirkt wie eine Baustelle an einem sehr abseits gelegenen Wertstoffhof.

Was sie nicht verwenden können, packen sie in weiße Plastiksäcke. Am Schluss wird der Müll, der teilweise seit 30 Jahren dort lag, von einem Helikopter abgeholt, über drei Tonnen. Inge sagt stolz: »Als wir den Strand verließen, gab es dort keinen Schraubverschluss oder Plastikkorken mehr.«

Es bleibt gar nicht so viel Zeit für ihr Hobby. »Wir sind zwar auch manchmal nachts raus und haben unter Polarlicht und Sternen gesurft«, erzählt Inge. Doch insgesamt gibt es im Winter in Nordnorwegen selten mehr als zwei, drei Stunden Sonnenlicht pro Tag, für ein paar Wochen ist es

NORWEGEN

Das 323 000 Quadratkilometer große skandinavische Land besitzt dank der zahllosen Fjorde über 80 000 Kilometer Küste – neben dem Festland besteht es aus insgesamt rund 150 000 Inseln. Die meisten der gut fünf Millionen Bewohner leben in den großen Städten im Süden. Der Norden ist nur dünn besiedelt, wird aber jedes Jahr von Millionen Touristen besucht.

Jørn Nyseth Ranum

Früh übt sich: Schon als Kind konnte Jørn kaum die Finger von der väterlichen Videokamera lassen, um sein Spielzeug damit zum Leben zu erwecken. Später standen das Snowboard und kleine Geschichten aus dem Alltag im Mittelpunkt seines dokumentarischen Interesses. Er experimentierte mit Schnitt, Ton und Bildern, konzentriert sich aber seit dem Studium an der Nordland Hochschule für Kunst und Film (Lofoten) auf die Arbeit mit der Kamera.

Inge Wegge

Die Abenteuerlust liegt bei Inge in der Familie. Mit seinen beiden Brüdern reiste er 2014 auf die Bäreninsel in der Barentssee – inklusive Snowboard, Paraglider, Jurte und Surfbrett. Während des Studiums an der Nordland Hochschule für Kunst und Film entdeckten Inge und Jørn den einsamen Strand, der zum Ausgangspunkt ihres gemeinsamen Abschlussfilms wurde. Seit der Veröffentlichung von *North of the Sun* arbeitet Inge an Produktionen für das norwegische Fernsehen.

27 KRONEN für Tee und Zucker

9 MONATE in der Bucht

5 M² Hüttengröße

3 TONNEN Müll gesammelt

1 BUCH zum Zeitvertreib

0 KRONEN Miete

Alte Wikinger-Behausungen waren das Vorbild für Inges und Jørns Hütte. Werkzeug und Nägel hatten sie mitgebracht, den Rest des Baumaterials fanden sie am Strand.

sogar komplett duster. Wenn Wegge schon beim Aufwachen in der Hütte seinen Atem sehen kann, ist ihm klar: Es wird ein kalter Tag. Nach dem Surfen friert auf dem Weg zur Hütte oft das Wasser in ihren Neoprenanzügen, die dann an der Haut kleben. Ein schwacher Trost: »Bevor wir losgingen, schütteten wir kochendes Wasser über die Anzüge. Das hält zwar nicht lange vor, aber es war ein gutes Gefühl, in etwas Warmes zu steigen.«

Wenn er abends in einem löchrigen Anzug und durchgefroren zur rettenden Hütte rennt, fragt sich Inge oft: Warum mache ich das alles eigentlich? Doch jedes Mal, wenn er wieder mit Ranum am Feuer sitzt, ist ihm klar: Es war ein schöner Tag. Frost muss nicht zu Frust führen. »Wir haben nach dem Motto gelebt: Reiches Leben, einfache Mittel«, sagt Inge. Es geht nicht darum, einen neuen Rekord aufzustellen. Es geht darum, den Alltag zu genießen, ohne das, was man vermeintlich dazu braucht: Luxus. Stattdessen führen sie ein Leben ohne Deadlines, auch ohne Gehalt. Abends lesen sie sich aus Büchern von Knut Hamsun oder Thor Heyerdahl vor. Ganz selten steigt Inge auf einen der Felsen, macht sein Handy an und telefoniert. Seine Freundin

Surfer-Paradies? Manchmal gefror den beiden Aussteigern sogar das Wasser im Neoprenanzug. Doch bei den Aufräumarbeiten am Strand wurde ihnen schnell wieder warm.

NORWEGEN 23

DIE LOFOTEN

Die Lofoten bestehen aus sieben Haupt- und gut 70 kleineren Inseln, insgesamt leben dort rund 24 000 Einwohner in einer weitgehend kargen, aber spektakulären Landschaft mit vielen Fjorden und bizarren Felsformationen. Alle Inseln liegen nördlich des Polarkreises, doch dank des wärmenden Nordatlantikstroms bewegt sich im Winter die Temperatur lediglich im einstelligen Minusbereich.

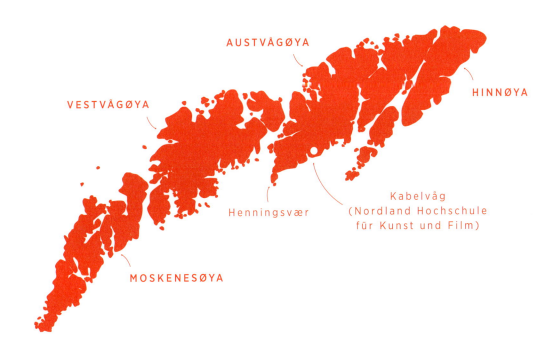

AUSTVÅGØYA
VESTVÅGØYA
HINNØYA
Henningsvær
Kabelvåg (Nordland Hochschule für Kunst und Film)
MOSKENESØYA

Die fünf Quadratmeter kleine Hütte bedeutet einen Hauch Gemütlichkeit inmitten einer unwirtlichen, aber schönen Landschaft. Sie steht immer noch und wird mittlerweile von Nachahmern genutzt, die herausgefunden haben, wo sich der geheime Ort befindet.

lebt zu dieser Zeit in Neuseeland. Sie essen viel Fisch aus dem Meer, zum Frühstück gibt es meist Brei mit getrockneten Früchten. Sie haben kostenlose Lebensmittel dabei. In Skandinavien gibt es viele Supermärkte, in denen man alles mit abgelaufenem Haltbarkeitsdatum umsonst mitnehmen darf. Die Kehrseite: »Viel Freizeit hatten wir nicht, es gab immer was zu tun. Feuerholz hacken, Essen machen oder sonst was.«

Doch das empfanden sie bald nicht mehr als störend. Die Sehnsucht nach Surfen war der Anlass gewesen, sich die passende Bucht zu suchen. Doch später merken beide, dass ihnen der Aufenthalt noch mehr gegeben hat als perfekte Wellen: »Der ganze Druck und Stress, triviale Dinge wie Ladenöffnungszeiten, alle Regeln und Eindrücke, die einen ablenken, verschwanden mit einem Mal. Dann kann man sich auf eine Sache konzentrieren und sich darüber freuen, was man gerade tut.« Als das erste Mal nach dem Winter die Sonne die Bucht wieder erreicht, machen sie mal: nichts. Sie stehen einfach da und genießen die Strahlen im Gesicht.

S. 24–27 Nach der Arbeit das Vergnügen: Jørn und Inge beim Surfen. Blieb ihnen nicht genug Tageslicht, scheuten sie auch in der Nacht nicht vor einem Wellenritt zurück.

DER INNERE KOMPASS
MONGOLEI UND RUSSLAND

Der Amur schlängelt sich endlos durch die mongolische Grassteppe und Russland. **Amber Valenti, Becca Dennis, Sabra Purdy und Krystle Wright** lernen auf ihrer Kajakexpedition die verschiedenen Gesichter des Flusses kennen. Abends schlagen sie wie die Nomaden ihre Zelte auf.

MONGOLEI UND RUSSLAND 33

S. 28/29 In 22 Tagen legen Amber, Becca, Sabra und Krystle 500 Kilometer auf dem Onon, dem Oberlauf des Amur, zurück.

S. 30/31 Die mongolischen Führer bringen sie mit Pferden zur Quelle des Flusses.

Dunkle Wolken ziehen über der mongolischen Steppe auf. Sie werfen ihre Schatten über vier Kajaks, die am steinigen Flussufer des Onon liegen. Vier Frauen, die sich nach einem geeigneten Zeltplatz umsehen, wissen, dass ihnen die Zeit davonläuft. Doch bevor die ersten Regentropfen auf den Boden fallen, haben sie ihr Zelt aufgebaut und können unter seine schützende Plane kriechen. Amber Valenti, Becca Dennis, Sabra Purdy und Krystle Wright sind Nomaden auf Zeit. Vier Frauen, die den wilden Osten kennenlernen wollen. Für sie ist es ein Sprung ins kalte Wasser: die erste große eigene Expedition. Sie möchten mit den Kajaks 900 Kilometer flussabwärts paddeln, von der Quelle des Onon bis zu seiner Mündung in den Pazifik. Ihre zweimonatige Reise beginnt in der Mongolei auf einem Fluss, der sich in malerischen Schleifen durch die Weite der Steppe windet. Später, auf russischem Boden, wird der Strom Amur heißen und ihnen ein ganz anderes Gesicht zeigen. Doch vielleicht ist es gut, dass sie nicht wissen, was sie viele Kilometer flussabwärts erwartet. Denn neben Campingausrüstung und Proviant haben sie noch etwas an Bord, das genauso schwer wiegt wie ihr Gepäck und sie davon abhält, die wilde Schönheit der mongolischen Steppe gänzlich unbeschwert zu genießen. Kurz vor ihrer Abreise aus den USA ist Beccas langjähriger Lebensgefährte Zac bei einem Paragliding-Unfall ums Leben gekommen. Becca hat sich trotzdem entschieden, mit auf die Reise zu kommen. Um nicht mit ihrer Trauer allein zu sein und auch, um als erfahrenste Kajakerin im Team ihre Freundinnen nicht im Stich zu lassen.

Die erste Begegnung mit den mongolischen Einheimischen zeigt, wie unterschiedlich die Uhren im Osten und im Westen der Welt ticken. Die Nomaden sind zurückhaltend, aber sehr hilfsbereit und freundlich: Ja, natürlich, sie wollen die vier Frauen zur Quelle des Onon bringen. Doch mit dem GPS-Gerät und den längst veralteten sowjetischen Karten können sie nichts anfangen. Sie verlassen sich lieber darauf, dass sie »Mutter Onon« allein mithilfe ihres *Holbohs*, einer Art Intuition, finden werden. Amber ist diese Art der Orientierung zunächst suspekt. Doch je länger sie auf dem Fluss unterwegs ist, desto mehr begreift sie, dass man sich viel öfter einfach mal treiben lassen sollte: »Wir im Westen müssen immer auf ein Ziel fokussiert sein, die Nomaden sind viel entspannter. Sie schauen einfach, was passiert, und lassen den Dingen ihren Lauf.« Vielleicht ist es die Landschaft mit ihrer allumfassenden Stille, die so beruhigend auf ihre Bewohner wirkt und die

S. 32 Frühnebel auf dem Amur: Im Morgenlicht empfindet Amber die Mongolei als besonders magisch und geheimnisvoll.

MONGOLEI

Die Mongolei ist einer der am dünnsten besiedelten Staaten der Welt. Nur drei Millionen Menschen leben hier auf einer Fläche, die viereinhalb Mal so groß ist wie Deutschland. Seine einzigen Nachbarn sind China im Süden und Russland im Norden.

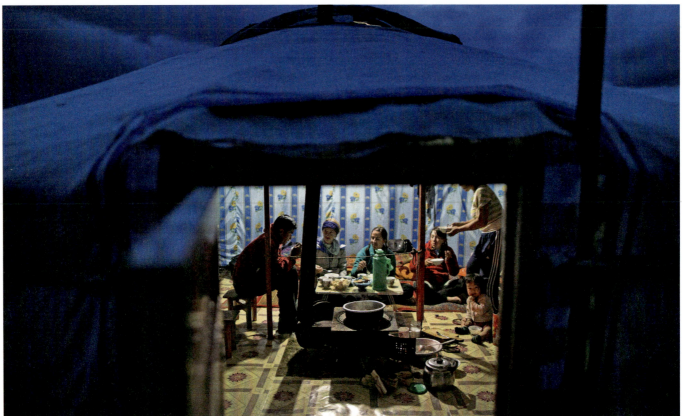

In der Mongolei genießen Krystle, Amber, Sacra und Becca (v.l.n.r.) die Gastfreundschaft der Nomaden beim gemeinsamen Abendessen.

Auf dem gefährlich verschmutzten Fluss muss Amber das gut gemeinte Geschenk der Russen, einen Fisch aus dem Amur, leider zurückweisen.

ihre Besucher daran zweifeln lässt, dass es überhaupt noch andere Menschen auf der Welt gibt. Es scheint, als läge ein Zauber über diesem Landstrich, den man zwar nicht beschreiben, aber umso deutlicher fühlen kann.

Nach nur 22 Tagen und 500 Kilometern nehmen die vier Frauen Abschied vom Onon. Um nach Russland einreisen zu dürfen, müssen sie in der mongolischen Hauptstadt eine Reihe von Formalitäten erledigen. Schon allein die Vorstellung, sie könnten sich mit einem dicken Bündel Schmiergeld bewaffnet auf dem Fluss bis nach Russland durchschlagen, scheint absurd. In Ulan-Bator trifft Becca eine Entscheidung. Sie wird die Expedition abbrechen und zurück in die USA fliegen. Amber, Sabra und Krystle nehmen nur ungern Abschied. Nach drei Wochen auf dem Fluss sind sie zu einer kleinen verschworenen Gemeinschaft zusammengewachsen. Sie haben gemeinsam gelacht und geweint und Becca über die schwersten Stunden hinweggeholfen. Aber die nächste Etappe werden sie ohne ihre Hilfe meistern müssen. Amber, Sabra und Krystle nehmen die Transsibirische Eisenbahn nach Chabarowsk. In Russland angekommen, erkennen sie ihren Fluss fast nicht wieder. Der Amur ist bedrohlich breit geworden und durch seine vielen

ONON UND AMUR

Der Onon entspringt im Naturschutzgebiet Khan Khentii im Norden der Mongolei und mündet in den Amur, mit dem er das drittlängste Flusssystem der Welt bildet, das noch frei von der Quelle bis zu seiner Mündung fließen kann. Der Amur fließt ins Ochotskische Meer, ein Randmeer des Pazifischen Ozeans. Auf seiner Länge von rund 3000 Kilometern wird er nur von zwei großen Brücken überquert, und es gibt keine einzige Staumauer.

Kein Verkehrslärm stört die morgendliche Ruhe, in der Steppe gibt es keine Straßen.
Nicht einmal Flugzeuge sind zu hören.

Seitenarme und Nebenflüsse nahezu unübersichtlich. Dennoch packen sie im Hafen von Chabarowsk ihre Kajaks wieder aus und paddeln den Strom weiter flussabwärts. Ab hier ist der Fluss ein Abwasserkanal der russischen Industrie. Weil die drei Frauen nicht genau wissen, welche Giftstoffe um sie herum im Wasser treiben, sind sie vorsichtig geworden. Alles wird abgekocht, was mit Amur-Wasser in Berührung gekommen ist. Einen Fisch aus dem Fluss zu essen, was hier für viele Einheimische ganz normal ist, kommt für Amber, Sabra und Krystle nicht infrage: »Die Russen hier sind sehr nett. Sie haben uns Fische aus dem Amur angeboten, die wir leider höflich ablehnen mussten.« Der Kontrast zwischen dem Beginn der Reise und ihrem letzen Abschnitt hätte nicht größer sein können. Auch fällt es Amber viel schwerer, sich mit den Russen zu verständigen: »Da wir nicht so gut Russisch sprechen konnten, haben wir oft versucht, ihre Körpersprache und ihren Gesichtsausdruck zu deuten. Doch die Menschen in dieser Gegend tragen ihre Gefühle nicht offen im Gesicht.« Auf dem unteren Amur denken Amber, Krystle und Sabra oft an die besondere Intuition der Mongolen zurück. Schlechtes Wetter steht bevor – vielleicht wäre es besser, den Fluss zu verlassen? Sie vertrauen auf ihr ungutes Gefühl und entscheiden sich, auf dem Landweg zur Mündung des Amur zu fahren. Zum Glück, denn nur wenig später offenbart der Fluss seine zerstörerische Kraft, als eine gewaltige Überschwemmung die gesamte Amur-Region ins Chaos stürzt. »Ich weiß nicht, was passiert wäre, wenn wir auf dem Fluss geblieben wären«, sagt Amber, »aber die Zeit mit den Nomaden hat mich dazu gebracht, wieder mehr in mich hineinzuhören und meiner inneren Stimme zu vertrauen.« Letztendlich ist es egal, ob es nun das *Holboh* der Mongolen oder weibliche Intuition war, die ihnen vermutlich das Leben gerettet hat. Hauptsache ist, dass es funktioniert hat.

S. 38/39 Düstere Wolken über der Steppe: Für Becca, die vor Kurzem ihren Partner verloren hat, ist es schwer, sich auf die Herausforderungen der Reise zu konzentrieren.

WINTERSEILSCHAFT
PAKISTAN

Mit der Winterbesteigung des Gasherbrum II im Karakorum schrieben **Simone Moro, Denis Urubko und Cory Richards** im Februar 2011 Geschichte. Ihnen gelang, woran 16 Expeditionen zuvor gescheitert waren.

2. Februar 2011, 8034 Meter Höhe. Dicht neben dem flatternden Fahnenbündel kauern zwei erschöpfte Gestalten im Schnee, eingehüllt in dicke Daunenanzüge. Zu ihren Füßen, von Wolkenschleiern überzogen, ein Meer aus spektakulären Eisgiganten. Vor wenigen Minuten noch war die komplette Gipfelszenerie in goldenes Sonnenlicht getaucht. Jetzt ist ein Sturm im Anmarsch. Simone Moro hustet. Spuckt. Ringt mühsam nach Luft. Denis Urubko kniet neben ihm, atmet schwer. Es ist kalt, bitterkalt. »Das ist keine Feier – wahrlich«, kommentiert Kameramann Cory Richards seine Gipfelaufnahmen. »Wir haben erst die Hälfte des Weges. Die meisten sterben auf dem Rückweg.«

S. 40/41 Denis Urubko und Simone Moro beim Aufstieg auf den Gasherbrum II – kurz unterhalb des Gipfels.

Simone Moro im eisigen Schlafsack: »Ich fühl mich privilegiert, bei minus 46 Grad am Berg zu sein.«

Langsam beginnt der Trupp den Abstieg. Drei kleine Mondmenschen inmitten einer gewaltigen Landschaft aus Eis und Felsgraten im Schneegestöber. Sie haben weder Sherpas, die ihr Gepäck tragen, noch künstlichen Sauerstoff dabei. Trotz aller Strapazen und eisiger Kälte liebt Simone Moro derartige Unternehmungen: »Winterbegehungen zählen für mich zu den letzten Möglichkeiten, echte Entdeckungen zu machen. Es gibt nur wenige Schönwetter-Fenster, du bist unglaublich verletzlich und musst bereit sein, massiv zu leiden. Es geht nicht darum, sich in Lebensgefahr zu begeben, aber Entdecken bedeutet für mich, auch in extremen Situationen überleben zu können.«

Ganze 16 Expeditionen waren in den Vorjahren bei dem Versuch gescheitert, im Winter einen Achttausender in Pakistan zu besteigen. Auch Simones Unterfangen räumte man am Anfang keine allzu großen Chancen ein. »Viele meiner Kollegen dachten, dass ich verrückt bin, einen Kasachen, einen Amerikaner und einen Italiener zusammen in ein Team zu stecken. Aber gerade die unterschiedlichen Mentalitäten von Denis, Cory und mir haben sich am Berg fantastisch ergänzt.«

3. Februar 2011, 6693 Meter Höhe. Aufbruchstimmung in Lager III: Das Thermometer zeigt minus 42 Grad. Die Schlafsäcke sind von einer dicken Schicht aus glitzernden Eiskristallen überzogen. Über Nacht hat der Sturm noch einmal deutlich zugelegt. Gestern sind sie an einigen Leichen vorbeigekommen, festgefroren und mumifiziert von der ewigen Kälte der Todeszone. Eilig packt das Team Zelt und Rucksäcke zusammen. Die Sichtweite beträgt keine zehn Zentimeter mehr, und schon bald erreichen sie eine besonders ausgesetzte Schlüsselstelle. Die Nervosität beginnt zu steigen. Irgendwo muss noch ein weißes Fixseil vom Aufstieg liegen, das jetzt unentbehrlich für den Abstieg ist. Doch die Sicherung bleibt spurlos verschwunden, verschluckt von den endlos wabernden Nebelschwaden, absorbiert vom eintönigen Weiß der Umgebung. »Natürlich hatte ich die gleichen Zweifel wie Cory und Denis, heil vom Berg herunterzukommen. In solchen Momenten darf man aber nicht zweifeln. Also habe ich mich konzentriert, gebetet, ich weiß nicht mehr was. Und dann, plötzlich, lag das Seil vor unseren Füßen«, erzählt Simone später.

4. Februar 2011, 5898 Meter Höhe. Bleierne Monotonie hängt über dem Team. Schritt für Schritt kämpfen sich die Bergsteiger durch hüfthohen Schnee, queren Gletscherspalten, bleiben stecken, fallen hin und stapfen weiter. Verbunden durch ein eisiges Seil und das gemeinsame Ziel, gesund zu ihren Freunden und Familien zurückzukehren.

Plötzlich: ein ohrenbetäubendes Donnern. Eine Lawine rast auf die Gruppe zu »und im Bruchteil einer Sekunde weiß ich, dass mein Leben zu Ende ist. Dann trifft sie uns. Alles wird schwarz«, beschreibt Cory Richards diesen Moment. Minuten später entsteht ein Bild, das um die Welt gehen wird. Es zeigt Corys Gesicht, unmittelbar nach dem Lawinenabgang, weinend und voller Emotionen. Es grenzt an ein Wunder, dass die drei Bergsteiger diese Katastrophe überlebt haben. Unter all den unkalkulierbaren Risiken an einem Achttausender sind Lawinen noch immer am verheerendsten. Sie kommen aus dem Nichts, innerhalb von Sekunden.

»Ist diese Lawine nicht eine perfekte Metapher für unser Leben? Wir sind es gewöhnt, ständig alles unter Kontrolle zu haben. Und obwohl wir am Berg schnell und strategisch unterwegs waren, das richtige Wetterfenster für den Gipfel abgepasst hatten – trotzdem kam diese Lawine und hat uns daran erinnert, dass die Natur sehr viel stärker ist als der Mensch, und dass es niemals Erfolg geben kann ohne auch ein bisschen Glück.«

5. Februar 2011, 5098 Meter Höhe. Ankunft im Basislager. Der Sturm hat sich beruhigt und sogar die Sonne lässt sich blicken. Stolz und nahezu unschuldig erhebt sich die Kette endloser Karakorumgipfel zu allen Seiten des Godwin-Austen-Gletschers. »Am Anfang steht immer ein großer Traum, von dem andere glauben, dass er unmöglich ist. Ein Traum, der nicht nur körperliche und mentale Stärke erfordert, sondern letztlich auch eine ganze Menge Ehrlichkeit«, erklärt Simone. »Für mich ist dies der wahre Ursprung des Entdeckens.«

KARAKORUMGEBIRGE

Das Karakorumgebirge liegt in Zentralasien. Vier der weltweit 14 Achttausendergipfel ragen daraus hervor, darunter der Gasherbrum II. Mehr als die Hälfte des Gebirges liegt oberhalb von 5000 Metern Höhe.

Kurz nach dem Lawinenabgang porträtiert Kameramann Cory Richards sich selbst. Der Schreck steht ihm ins Gesicht geschrieben.

Denis Urubko und Simone Moro kämpfen sich durch Schnee und Eis. Nur wer in Bewegung bleibt, kann die Kälte überhaupt ertragen.

IN MITTELERDE
NEUSEELAND

Der Neuseeländer Kieran McKay ist ein Nachtschattengewächs. Als Höhlenforscher blüht er erst unter Tage so richtig auf. Fasziniert von den gigantischen Hohlräumen, die sich unterhalb seiner Heimatinsel befinden, startet er immer wieder neue Streifzüge in die ewige Dunkelheit.

48 IN MITTELERDE

Der Eingang zum Höhlensystem Stormy Pot. Hier befinden sich die Caver nach mehrmaligem Abseilen schon bald in 470 Metern Tiefe.

Kieran McKay ist ein Mensch, der gerne Licht ins Dunkel bringt. Dem es nichts ausmacht, sich stundenlang in gebückter Haltung durch nasskalte und windige Gänge zu kämpfen, wenn er nur am Ende des Tages den völlig durchnässten Overall ausziehen kann, um sich in einen trockenen Schlafsack zu kuscheln. Ziel der heutigen Etappe ist die Salvation Area. Eine Felshöhle, deren Gesteinsformationen im flackernden Licht zweier Kerzen auf bizarre Weise lebendig werden. Als die Flammen verlöschen, bricht vollkommene Dunkelheit herein. Dieser Ort ist Kieran vertraut. Der 49-jährige Outdoor-Guide hat schon viele Nächte inmitten des gigantischen Höhlenlabyrinths verbracht, vom Eingang kilometerweit entfernt. Er ist darin durch eiskalte Bäche gewatet, hat Hügel von losem Gestein erklommen und sich neben tosenden Wasserfällen in scheinbar bodenlose Tiefen abgeseilt. Bergsteigerische Erfahrung ist nützlich, wenn man die Tiefen der Erde erkunden will, die Grundvoraussetzung ist jedoch eine ganz andere: »Was mich antreibt, ist Neugier«, sagt Kieran, »die Leidenschaft, herauszufinden, wohin dieser Gang führt und was sich hinter der nächsten Ecke verbirgt.« Die Orientierung in dieser Welt ohne Horizont, ohne einen fixen Bezugspunkt fällt ihm leichter als anderen Menschen. »Man versucht eben, sich die einzelnen Passagen so gut wie möglich einzuprägen. Nicht zu wissen, wo man sich genau befindet, kann dich verrückt machen. Aber ich mag es. Ich habe mich daran gewöhnt.« Mit seinem Team hat er die Höhle erkundet und vermessen, von einer Ecke zur anderen, ganz traditionell mit Kompass und Neigungsmesser. Tief im Bauch der Erde ist Kieran komplett von der Außenwelt abgeschnitten. Er hat keine Chance, seine Position per GPS

S. 46/47 »Ich werde oft gefragt, warum ich in kleinen Löchern im Boden herumkrieche«, sagt Kieran. Doch über diese falsche Vorstellung vom Höhlenforschen kann er nur lächeln.

NEUSEELAND

Über die Jahrtausende haben Unmengen von Wasser zahlreiche Höhlen in den porösen Kalksteinboden Neuseelands gegraben. Bekannt sind vor allem die Waitomo Caves auf der Nordinsel sowie die Gegend rund um Nelson auf der Südinsel, wo sich auch das Stormy-Pot-Nettlebed-System befindet.

S. 50 Nachtlager in der Salvation Area. Andere Teile der Höhle sind eine Nervenprobe. Mit angehaltenem Atem muss man sich Millimeter für Millimeter durch Felsspalten quetschen, über eiskalten Wassern abseilen und bodenlose Risse in der Erde überqueren.

zu bestimmen, und auch keine Möglichkeit, zu Hause anzurufen. So gesehen und was die Navigation angeht, gleicht eine Höhlenexpedition einer Reise in die Vergangenheit, auch wenn Stirnlampen, Batterien und gefriergetrocknete Lebensmittel zur Standardausrüstung gehören. Hier unten gibt es noch Orte, die kein menschliches Auge je gesehen hat. Jedes Mal, wenn Kieran den Schein seiner Taschenlampe zum ersten Mal über einen unterirdischen See wandern lässt oder jahrtausendealte Tropfsteinformationen bewundert, überkommt ihn ein Gefühl der Demut: »Neues Land zu entdecken, ist eine besondere Erfahrung. Man wird ganz bescheiden und ist einfach nur glücklich.« Nebenbei erweist er auch der Wissenschaft einen Dienst, wenn er als Erster bislang unbekannte Höhlen kartiert.

Weil es keine spezielle Ausrüstung für das Caving gibt, erobert Kieran McKay neues Terrain in Gummistiefeln und mit Putzhandschuhen. Die Stiefel sind leicht, trocknen schnell und ihre Sohle bietet auf dem oft glitschigen Untergrund den besten Halt. Die Handschuhe schützen vor Nässe, Kälte und scharfkantigem Gestein. Hohe Hallen, schmale Spalten: Die Welt unter Tage ist voller Gegensätze, und manchmal ist es nicht nur die Schönheit, die einem den Atem raubt. Manchmal wird es eng. Die Hinkle Horn Honking Holes und die Gates of Troy sind solche Passagen, die man besser mit angehaltenem Atem passiert, im vollsten Vertrauen, dass sich die Felsen nicht bewegen und den Rückweg blockieren. »Die größte Angst habe ich vor losem Gestein«, sagt Kieran, »wenn es irgendwo rumpelt, und ich nicht weiß, ob der Brocken mich vielleicht erwischt. Erdbeben habe ich schon viele erlebt, aber das fühlt sich hier unten bloß an, als ob eine U-Bahn direkt neben dir

> »Heutzutage sind die Menschen schon überall auf der Erde gewesen. Doch wir hinterlassen unsere Fußspuren an Orten, von denen niemand wusste, dass sie überhaupt existieren.«
> **Kieran McKay**

Fließt dieses Wasser von Stormy Pot nach Nettlebed? Ein Kontrastmittel soll Aufschluss geben.

vorbeifährt.« Viel gefährlicher sind Verletzungen. Schon mit einem gebrochenen Bein ist es unmöglich, sich durch die verwinkelten Engpässe zu quetschen. »Wir hinterlassen zwar Wegzeichen an manchen Abzweigungen, aber eigentlich wollen wir die Höhle so verlassen, wie wir sie vorgefunden haben. Nur wenn jemand verletzt ist, würden wir einen Durchgang sprengen.«

Wenn Sprengstoff nicht nur im äußersten Notfall erlaubt wäre, hätte es wohl keine 40 Jahre gedauert, um die Verbindung zwischen den Höhlensystemen Stormy Pot und Nettlebed zu finden. Kieran ist es im Januar 2014 endlich gelungen. »Die Suche nach der Verbindung läuft seit den 1970er-Jahren, wir hatten einfach Glück, sie zu finden«, sagt er bescheiden. Ein Erfolg, den er auch seinem Team zu verdanken hat: Troy Watson, Bee Fradis, Tim Shaw, Marcus Thomas, Neil Silverwood und seiner Frau Pip Rees. »Die Leute, mit denen ich im Moment unterwegs bin, sind das beste Team, das ich je hatte. Wir passen aufeinander auf.«

Gemeinsam prüfen sie jedes Loch, jede Felsspalte und entdecken zunächst einen Bach, der die beiden Höhlen verbindet. Monate später findet Kieran endlich auch eine Felsspalte, durch die sie von einer Höhle in die andere klettern können. Seitdem können geübte Caver innerhalb von zwei Tagen das gesamte Höhlensystem durchqueren: am besten bergab, von Stormy Pot nach Nettlebed. Kieran freut sich, dass sein Erfolg vergleichsweise viele Menschen auf den exotischen Sport Caving aufmerksam gemacht hat. Auf seinen Lorbeeren ausruhen möchte er sich aber nicht. Denn: »Der Ruf des Unbekannten ist sehr verlockend.«

S. 52/53 Die Höhlen in Nettlebed sind so groß, dass eine Taschenlampe allein sie nicht erhellen könnte.

S. 55 In unbekannten Höhlen weiß man nie, was sich hinter der nächsten Ecke verbirgt. Oft kann Kieran die Wunder der Natur als Erster in Augenschein nehmen.

DIE HÖHLE

Das Stormy-Pot-Nettlebed-Höhlensystem, hier dargestellt im Querschnitt, ist mit 1174 Metern das tiefste bekannte Höhlensystem der südlichen Hemisphäre. Es erstreckt sich auf einer Länge von 38,3 Kilometern unterhalb der Mt. Arthur Range im Norden der neuseeländischen Südinsel.

PASSION
FREIHEIT
ABENTEUER
ANGST
GLÜCK
FLOW

GRENZEN
STILLE
AUSDAUER
VERTRAUEN
FREUNDSCHAFT
RISIKO

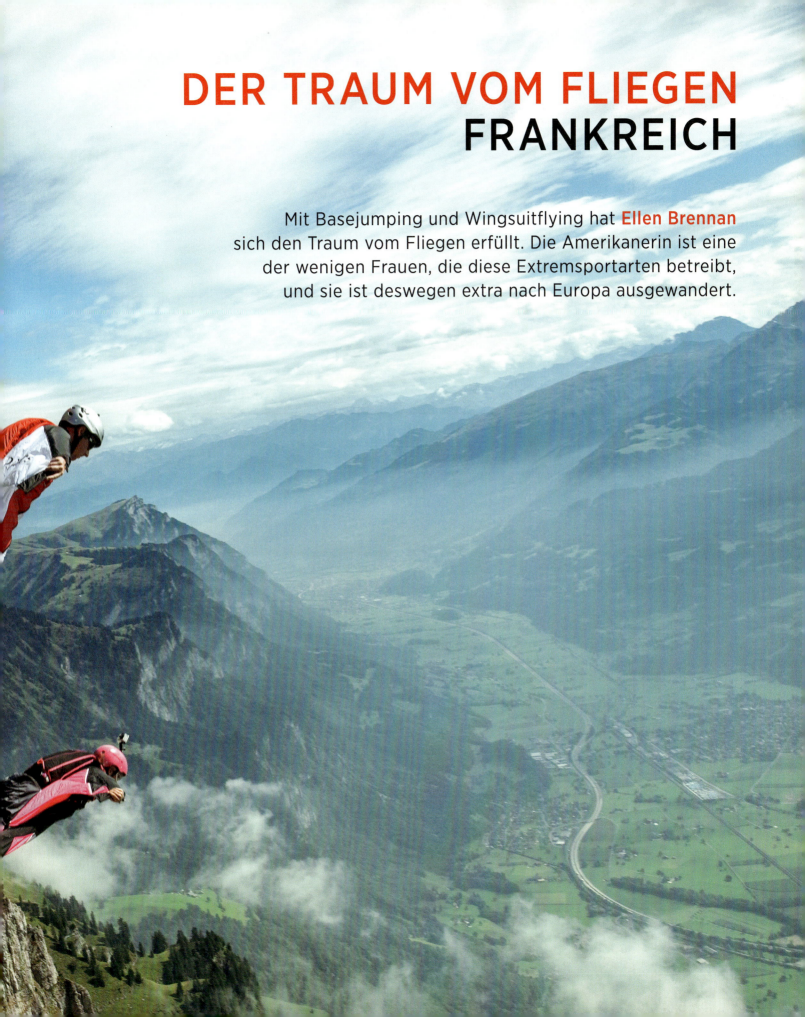

DER TRAUM VOM FLIEGEN
FRANKREICH

Mit Basejumping und Wingsuitflying hat **Ellen Brennan** sich den Traum vom Fliegen erfüllt. Die Amerikanerin ist eine der wenigen Frauen, die diese Extremsportarten betreibt, und sie ist deswegen extra nach Europa ausgewandert.

60 DER TRAUM VOM FLIEGEN

Abspringen, Arme ausbreiten, Fliegen. Beim Wingsuit-Basejumping kommen die
Springer dem alten Menschheitstraum sehr nah. Auch wenn das Fliegen eher ein Fallen
und ohne Fallschirm eine sichere Landung auf dem Boden nicht möglich ist.

In einem Sportgeschäft in Chamonix steht eine Frau hinter dem Ladentisch, der man es auf den ersten Blick nicht ansieht, dass sie kurz vor der Arbeit noch einen Abstecher zur Aiguille du Midi gemacht hat. Mit der Seilbahn gelangt man in nur 20 Minuten auf den 3842 Meter hohen Aussichtspunkt über der französischen Alpin-Metropole. Trotzdem wäre es für Ellen Brennan nicht infrage gekommen, den Weg nach unten auf ebenso bequeme Art und Weise anzutreten. Warum auch, wenn man auf dem Rückweg noch schneller sein kann, mit einer Speedriding-Abfahrt zum Beispiel? Ellen liebt die Geschwindigkeit und sie liebt es, sich den Wind um die Nase wehen zu lassen: im Winter beim Speedriding, einer Kombination aus Skifahren und Paragliding, im Sommer beim

FRANKREICH

In den französischen Alpen sind die Voraussetzungen fürs Basejumping ideal. Hier gibt es hohe, steil abfallende Felswände und im Gegensatz zu den USA kein Gesetz, das den Sport verbietet – auch wenn die Extremsportler hier nicht immer gern gesehen sind.

Bei aller Routine ist die Vorbereitung bei jedem einzelnen Sprung essenziell. Schon der kleinste Fehler kann fatale Folgen haben.

Basejumping und Wingsuitflying. Der Traum vom Fliegen ist so alt wie die Menschheit, doch nur die wenigsten sind bereit, es Ellen Brennan gleichzutun: an der Felskante zu stehen, die Arme auszubreiten – und ins Leere zu springen. Für die US-Amerikanerin ist das leichter als in ein fremdes Land zu ziehen. »Beim Basejumping hast du eine Minute lang Angst«, sagt sie, »wenn du auswanderst, dauert diese Minute ein ganzes Jahr.« Sie kam nach Frankreich, um die Sprache zu lernen, sie wollte später einmal als Krankenschwester in Afrika arbeiten. Als sie herausfand, dass die vielen Täler rund um Chamonix mit ihren steil abfallenden Felskanten auch beste Bedingungen für ihren Lieblingssport boten, gab es für sie kein Zurück mehr. Außerdem ist in Frankreich im Gegensatz zu den Vereinigten Staaten Basejumping und Wingsuitflying nicht gesetzlich verboten. Im Yosemite Valley gibt es zwar einige Spots, doch wer dort springt, läuft Gefahr, von den Park-Rangern erwischt zu werden. Auch in Europa sind die Extremsportler nicht überall beliebt. Vor allem die Einheimischen, die schon einmal unfreiwillig Zeuge eines dramatischen Unfalls geworden sind, können nicht verstehen, warum

EIN BASEJUMP IN ZAHLEN

2062
METER
(Dent de Crolles)

1½
STUNDEN
Aufstieg (zu Fuß)

1
MINUTE
freier Fall

185
KM/H
Durchschnittsgeschwindigkeit

30
SEKUNDEN
Paragliding bis zum Boden

sich manche Menschen nach einem derartigen Adrenalinkick sehnen.

Wer den Sprung von der Felskante wagt, beschleunigt in wenigen Sekunden auf über 100 Stundenkilometer. Beim Ziehen der Reißleine öffnet sich der Fallschirm, der freie Fall wird abrupt gebremst und man schwebt sanft zu Boden. Eine extreme Erfahrung, geballt in nur wenigen Sekunden. Ein kalkulierbares Risiko? Ellen weiß, dass trotz aller Vorsichtsmaßnahmen kein Sprung hundertprozentig sicher sein kann. Sie hat keine Chance, wenn der Fallschirm sich nicht öffnet oder wenn eine starke Windböe sie zu nah an die Wand drückt. Sie kann von diesem Gefühlscocktail aus Angst, Freiheit und Erleichterung nicht genug bekommen, obwohl sie, wie fast jeder Basejumper, durch den Sport bereits gute Freunde verloren hat. Die Gefahr kann sie ignorieren: »Ein Basejump ist die sicherste Methode, von einem Berg herunterzukommen. Ein Sprung und zwei Minuten später bist du schon wieder im Tal. Wenn man noch stundenlang bergab läuft und in ein Gewitter hineingerät, ist das viel gefährlicher.« Sogar ihren Hund würde sie am liebsten auf dem kurzen Weg mit ins Tal nehmen, wenn sie die richtige Ausrüstung dafür hätte. Bislang muss er allerdings noch auf vier Beinen den Berg hinunterlaufen, hat aber den Weg immer wieder zurückgefunden.

Für das Fliegen hat Ellen Familie und Freunde in den USA verlassen und ihren Beruf an den Nagel gehängt. In Nepal konnte sie zuletzt für knapp vier Wochen als Krankenschwester arbeiten, doch in Frankreich hat sie noch keine Arbeitserlaubnis für den Beruf, den sie einmal gelernt hat. Der Job im Sportgeschäft ist für den Winter eine akzeptable Notlösung. Im Sommer ist Ellen so gut wie jeden Tag in den Bergen unterwegs. »In Städten fühle ich mich nicht wohl«, sagt sie, »ich wüsste nicht, was ich ohne die Berge tun würde.« In ihnen war sie schon als Kind mit ihren outdoorbegeisterten Eltern unterwegs. Der Vater begleitete sie bei ihrem ersten Skydive. Dass seine Tochter so großen Gefallen an Extremsportarten gefunden hat, dass sie inzwischen fast täglich einen Basejump macht, muss er nun wohl oder übel hinnehmen. »Er macht sich natürlich Sorgen um mich, aber auf der anderen Seite möchte er auch, dass ich glücklich bin und das tue, was mir Spaß macht.«

Die Basejumping-Szene ist überschaubar, obwohl die Zahl ihrer Anhänger auf der ganzen Welt stetig wächst. Viele von ihnen kommen nach Chamonix und so findet Ellen immer einen Partner, mit dem sie den nächsten

IMMER DABEI: KAUGUMMI

Ein Päckchen Kaugummi hat Ellen Brennan immer dabei. Es wiegt fast nichts und ist die einfachste Lösung, um Dehydrierung vorzubeugen. Wenn es ihr schwerfällt, sich vor einem Sprung zu sammeln, hilft ihr der Kaugummi.

Wingsuit-Basejumping ist eine Weiterentwicklung des normalen Basejumpings.
Mit dem Wingsuit können Springer wie Ellen Brennan wesentlich länger durch die Luft gleiten.

Sprung wagen kann. Weil sie die besten Spots in der Gegend kennt, wird sie meist automatisch zum Tourguide, eine Aufgabe, die sie gern übernimmt. Fürs Erste möchte sie in Frankreich bleiben. Einige Sprünge stehen noch auf ihrer To-do-Liste. Sprünge, die ihr bislang noch verwehrt bleiben, weil sie sich im Hochgebirge nicht sicher genug bewegen kann, sind für sie ein Grund mehr, ihre Kletterfähigkeiten zu trainieren. Doch es gibt auch Sprünge, vor denen sie aus einem anderen Grund zurückschreckt: »Wenn ich mir nicht sicher bin, ob das Risiko gerechtfertigt ist, wenn das, was mir der Sprung gibt, weniger ist als das, was er mir abverlangt – dann bleibe ich oben stehen.«

»Je besser deine Fähigkeiten werden, umso mehr gehst du ans Limit. Dann musst du dich fragen: Tu ich das, weil mir langweilig ist oder weil ich mir sicher bin, dass ich den nächsten Sprung schaffen kann?«
Ellen Brennan

DURCHGEZOGEN KANADA

1000 Kilometer zu Fuß in sechs Wochen – warum nicht? Doch man muss erfinderisch sein, wenn man dabei Eisbären meiden möchte und alles hinter sich herziehen muss, was man zum Überleben braucht. Die Australier **Chris Bray und Clark Carter** bezwangen mit Victoria Island eine der entlegensten Inseln der Welt, auch wenn dafür ein langer, unerwarteter Zwischenstopp nötig war.

S. 66 Gefahren lauern überall: spitze Felsen, hungrige Eisbären, unwegsames Gelände oder Kälte. Doch immer, wenn Chris und Clark dachten, schlimmer könne es nicht mehr kommen, hatte Victoria Island noch eine weitere Überraschung parat.

Am 30. Juli 2005 landen Chris Bray und Clark Carter zum ersten Mal in der eiskalten Einsamkeit, die sie über Jahre nicht mehr loslassen sollte. »Ihr seid wirklich mutig«, sagen die Piloten zum Abschied. Dann merken sie noch an: »Das Land hier gehört den Eisbären.« Sie würden nicht davon ausgehen, die beiden Australier irgendwann wieder abholen zu müssen. »Sie nahmen unsere Zuversicht mit, als sie davonflogen«, fasst Chris die Gefühle zusammen, als es losgeht.

Ihre Idee ist ja in der Tat verrückt: Die 1000-Kilometer-Durchquerung einer fast unbewohnten Insel. Sie gehört zu Kanada, doch obwohl es sich um die neuntgrößte Insel der Erde handelt, ist sie selbst vielen Kanadiern unbekannt. Wenn Chris und Clark potenziellen Sponsoren erklärten, dass sie über Victoria Island marschieren wollten, sagten viele: Na und? Sie dachten, sie sprächen von Vancouver Island, wo es einen Ort namens Victoria gibt.

Victoria Island befindet sich im nördlichen Polarmeer, die Westküste der Insel liegt rund 2500 Kilometer nördlich von Edmonton, der nördlichsten kanadischen Großstadt. Für die Sponsoren suchten die beiden Abenteurer einen griffigen Namen für ihre Expedition von der Ost- zur Westspitze und nannten sie: den 1000-Stunden-Tag, da die Sonne hier zu dieser Jahreszeit nie untergeht. Es sollten weit mehr als 1000 Stunden werden.

Der erste Plan: Bei einem Tempo von fünf Kilometern pro Stunde drei Stunden am Tag laufen, also 15 Kilometer am Tag zurücklegen, und in neun Wochen hätten sie es geschafft. Den Rest des Tages könnten sie sich ausruhen oder Angeln gehen, außerdem Fotos machen von den regelmäßigen Zusammentreffen mit Karibus, Polarfüchsen und eben auch Eisbären. Sie hoffen, die fremde Welt mit ihren Naturphänomenen auch ein bisschen genießen zu können, zum Beispiel Nebelsonne, die durch Milliarden Eiskristalle in der Luft hervorgerufen wird. Sie haben in mühsamer Kleinarbeit ihre Kajaks mit Rädern selbst gebaut. Ihre *Paddleable Amphibious Carts (PAC)*, Paddel-Amphibienfahrzeuge, wiegen mit Ladung je 250 Kilo. Mit dabei haben sie nicht nur Nahrung, sondern auch Zelte, Gewehre wegen der Eisbären, technisches Equipment und Werkzeug. Sie fühlen sich gut vorbereitet, auch körperlich, immerhin haben sie an den Stränden Australiens Truckreifen hinter sich hergezogen, um fit zu werden.

Doch schon bald stellt sich heraus, dass nicht nur die letzten Sätze der Piloten ernüchternd waren.

S. 68/69 Tauschlamm ist das größte, aber nicht das einzige Problem bei der Durchquerung: Scharfer Sandstein und hoher Schnee verlangen den beiden Abenteurern ebenfalls alles ab.

VICTORIA ISLAND

Die kanadische Insel im Norpolarmeer ist 217000 Quadratkilometer groß. Rund 2000 Inuits leben an der Küste, das Landesinnere ist komplett unbewohnt. Aufgrund von Gletscheraktivitäten ist die Insel zerklüfteter und unwirtlicher als jedes andere Eiland im Nordmeer.

70 DURCHGEZOGEN

Auf den ersten Metern denken sie, die Bremsen an ihren *PACs* seien noch angezogen. Dann wird ihnen klar, dass sie aufgrund des schwierigen Terrains einfach nicht vorankommen. »Mehr als zehn bis 20 Schritte auf einmal gingen nicht«, erzählt Chris, dann sind sie schon außer Puste. Am ersten Tag schaffen sie gerade einmal 700 Meter, und sie brauchen mehrere Tage, um überhaupt ihren ursprünglich geplanten Startpunkt zu erreichen. Die Wasserflugzeuge waren auf dem nächstgelegenen See gelandet. Trotz neun Monaten Vorbereitung haben Chris und Clark das Vorhaben so sehr unterschätzt, dass auf den ersten Blick nur eines logisch scheint: sofort aufzugeben. Hinzu kommt, dass zu Beginn der elektrische Eisbären-Alarm, den sie jeden Tag um ihr Zelt legen, nicht funktioniert. So wird der Schlaf leichter und der Aufenthalt beschwerlicher. »Es gab täglich Momente der Verzweiflung«, erzählt Chris.

Sie haben es ja so gewollt. In gewisser Weise sind Chris und Clark, die zum Zeitpunkt des Aufbruchs

Das Zelt als Bärenfalle? Die Sorge war letztlich unbegründet. Chris und Clark sahen nur dreimal einen Polarbären, und das auf größere Distanz.

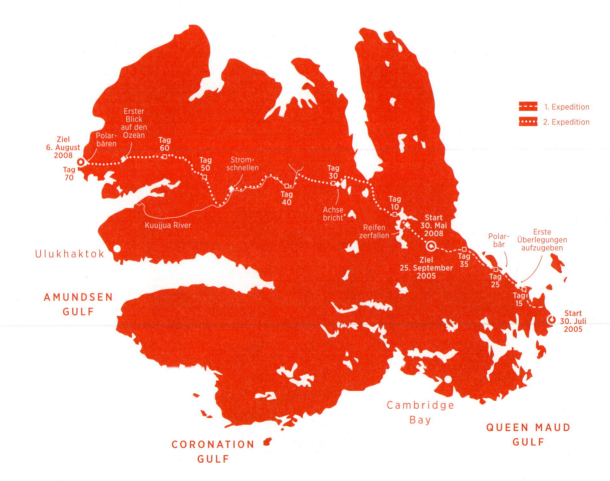

DIE ROUTE

Die insgesamt 18 Wochen dauernde Wanderung begann an der Ostspitze von Victoria Island und führte beim ersten Versuch fast ausschließlich entlang der Küste Richtung Nordwesten. Über zweieinhalb Jahre später führte sie der Weg ins Landesinnere, in teilweise komplett unbekanntes Gelände, das geprägt war von Tundra-Landschaft. Sie folgten dann westwärts dem Fluss Kuujjua, bis sie die Westküste erreichten, ziemlich genau auf der Höhe der Nordspitze Alaskas.

ETAPPE 1
IN ZAHLEN

250
KILO
Gepäck pro Person

12
KILO
Milchpulver

26
KILO
Nüsse

16
KILO
Schokolade

2
GEWEHRE
und 20 Gewehrkugeln

Es gab sie, die erholsamen Tage. Das Amphibienfahrzeug erlaubte es, Seen paddelnd zu überqueren. Damit verschwanden für eine Weile auch die Gedanken an Angriffe wilder Tiere.

21 und 20 Jahre alt sind, zum Abenteurer geboren. Vor allem Chris, den seine Eltern schon als Fünfjährigen mit auf große Segeltour nahmen, die fünf Jahre dauerte. Für ihn ist es normal, unterwegs zu sein, um neue Orte zu entdecken. Sätze wie »Dort ist noch niemand gewesen« haben auf ihn eine enorme Anziehungskraft, sagt er. Victoria Island haben sie ausgesucht, weil die Insel bislang »vernachlässigt« worden sei. So gibt es dort tatsächlich Landflecken, die noch nie ein Mensch gesehen hat.

Also geben sie nicht auf. Vielmehr beschließen sie, erst einmal die Realität zu ignorieren. Sie reden einfach nicht darüber, dass sie ihrem Zeitplan mit jedem Tag mehr hinterherhinken und dass die Nahrung nicht ausreichen würde. Immerhin, es gibt auch Tage, an denen sie sich auf großen Seen, locker paddelnd, treiben lassen können. Allerdings verliert Clark nach zwei Wochen ein Paddel. Wiederum zwei Tage später denken sie das erste Mal ernsthaft darüber nach, das Handy anzuschalten und die Piloten zu rufen. Doch sie reißen sich zusammen und überstehen auch den ersten Anblick eines Eisbären schadlos, ebenso das Zusammentreffen mit einem Rudel arktischer Wölfe.

Sie halten schließlich 57 Tage durch: schaffen knapp ein Drittel der geplanten Route, dann lassen sie sich abholen. Der Flug ist so teuer, dass sie sich trotz der zuvor gesammelten Sponsorengelder mit rund 15 000 Dollar verschulden.

Zurück in Sydney, sind sie nicht unzufrieden. »Ihr müsst doch das Gefühl haben, dass ihr alles erreichen könnt«, sagt eine Freundin von Chris. Und ihm wird daraufhin bewusst, dass er sich tatsächlich genau so fühlt. Da ist es gerade einmal zwei Jahre her, dass Clark ihn angeschrieben hat. Er hatte sich im Internet als »junger Abenteurer aus Sydney« auf die Suche nach einem Seelenverwandten gemacht, und Chris hatte ihm geantwortet. Jetzt ist beiden klar: Es würde ein weiteres Abenteuer geben. Sie versuchen, einen ähnlich abgeschiedenen und genauso großen Ort zu finden wie Victoria Island. Doch sie finden ihn nicht. Ein Jahr nach ihrer Rückkehr lässt sich Clark breitschlagen. Sie würden sich genau an der Stelle, an der sie ihre Tour gestoppt haben, wieder absetzen lassen und die Route zu Ende gehen.

Diesmal bereiten sie sich fast zwei Jahre lang vor. Sie bauen neue *PACs*, mit riesigen Traktorreifen, die sich leichter durch Schnee und Matsch ziehen lassen. Diese überziehen sie mit einem Material, Kevlar genannt, aus dem auch kugelsichere Westen hergestellt werden. Sie haben damit wochenlang in den Blue Mountains bei Sydney geübt, nichts scheint den neuen *PACs* etwas anhaben zu können, die obendrein auch noch leichter sind als ihre Vorgänger.

Am 30. Mai 2008 landen sie wieder auf Victoria Island. Diesmal kommen sie tatsächlich erheblich schneller voran. Es gibt sie aber trotzdem, die herben Rückschläge. Das Kevlar reißt nach wenigen Tagen zum ersten Mal auf, die Reifen sehen irgendwann aus wie Frankenstein, findet Chris Bray: einfach irgendwie zusammengeflickt. Noch schlimmer ist es, als nach vier Wochen eine Achse bricht.

Auch auf dem zweiten Teil der Reise haben Chris und Clark diese eine Frage im Kopf. Viele vor ihnen haben sie sich schon gestellt, vor oder während eines Abenteuers mit schier unüberwindlichen Hindernissen, sie lautet: Hat das bislang vielleicht deshalb noch nie jemand probiert, weil es schlicht nicht möglich ist, es zu schaffen?

Die Antwort: Um irgendetwas als Erster zu meistern, muss man über sich hinauswachsen können. Und zweitens muss man einfach die geeignete Person für diese Aufgabe sein. Im Fall von Chris Bray ist entscheidend, dass der studierte Ingenieur zu MacGuyver-ähnlichen Ideen fähig ist. Es gelang ihm nicht nur schon auf der ersten Expedition, den Eisbären-Alarm zu reparieren; sondern jetzt gehen zum Beispiel nach den Märschen über kilometerlange, scharfe Sandstein-Klippen die Reifen nur deswegen nicht kaputt, weil Chris die Verpackungen ihrer Trockennahrung als Klebeband benutzt. Es lohnt sich eben, Müll nicht einfach achtlos wegzuwerfen.

Eine gebrochene Achse hält sie nun auch nicht mehr auf. Mit einem dünnen Sägeblatt und sehr viel Geduld verkürzen sie die Achse einfach und gelangen nach 70 Tagen, insgesamt also 127, schließlich an ihr Ziel. Dort müssen sie noch einmal fünf Tage ausharren. Allerdings nicht, weil niemand mit ihrem Überleben gerechnet hat, sondern weil der Pilot, der sie abholen soll, im Gefängnis sitzt.

IMMER DABEI: IPOD

Über 100 Tage ohne Musik? Chris und Clark haben für ihre Expedition vieles in Kauf genommen, aber auf ihre iPods wollten sie nicht verzichten. Vertieft in den Sound von wilden Tieren überrascht zu werden war eher unwahrscheinlich. Victoria Island ist so übersichtlich, dass man sie immer schon sah, bevor man sie hörte.

RIESENAUFRISS USA

Die USA sind das Heimatland des Offwidth-Kletterns, eine besonders fiese Form des Risskletterns. Doch ausgerechnet zwei Briten, Tom Randall und Pete Whittaker, haben sich in den Kopf gesetzt, den Riss aller Risse zu bezwingen.

S. 74/75 Berühmt-berüchtigt: Nicht umsonst gilt der Century Crack als die härteste Offwidth-Route der Welt. Der überhängende Riss erstreckt sich über eine Länge von fast 50 Metern.

Man könnte meinen, Sport müsse wehtun, wenn man Tom Randall und Pete Whittaker beim Klettern zusieht und vor allem zuhört. Ob die Schreie der beiden Briten eine Reaktion auf Schmerz, Wut oder Enttäuschung sind, lässt sich aus der Entfernung nicht sagen. Ihre schmerzverzerrten Gesichter und die mit Tape verklebten und dennoch recht abgeschürften Finger sprechen eine deutlichere Sprache. »Schreien hilft«, sagt Tom, »als ich meine erste Offwidth-Route geklettert bin, habe ich mich förmlich hinaufgeschrien.« Offwidth-Klettern ist eine spezielle Form des Rissklettertns, bei der die Cracks zwischen sieben und 17 Zentimeter breit sind: zu breit für einen Finger, aber zu schmal für eine Hand. Um Arme und Beine darin verklemmen zu können, braucht man Gelenkigkeit und Fantasie. Wer an diesen Kraftanstrengungen auch noch Spaß hat, muss aus einem äußerst robusten Holz geschnitzt sein – und auch ein bisschen verrückt, erst recht wenn er es als Europäer mit den amerikanischen Offwidth-Spezialisten aufnehmen will. Doch genau das haben Tom und Pete sich vorgenommen. Nachdem sie die wenigen Offwidth-Cracks in ihrer Heimat abgehakt haben – und auf der Insel gibt es nur fünf wirklich schwere Routen –, wollen sie die besten Offwidth-Risse der USA klettern und es zu allem Überfluss auch noch an dem bislang unbezwungenen Century Crack in Moab (Utah) versuchen. Ein Plan, den die Amerikaner anfangs noch milde belächeln. Doch sie ahnen nicht, wie akribisch sich die beiden Briten auf diese Herausforderung vorbereitet haben. »Wenn man beim Klettern Erfolg haben und an seine Grenzen gehen will, dann ist Kreativität

Impression aus der »Folterkammer«: Das Training war für die Wide Boyz der Schlüssel zum Erfolg. Zwei Jahre lang quälten sie sich in Toms Keller an einem Nachbau der Route ab, um für die Herausforderungen des echten Century Crack gewappnet zu sein.

Müde, aber glücklich: Tom Randall kann seinen
Erfolg am Century Crack noch immer nicht ganz begreifen.

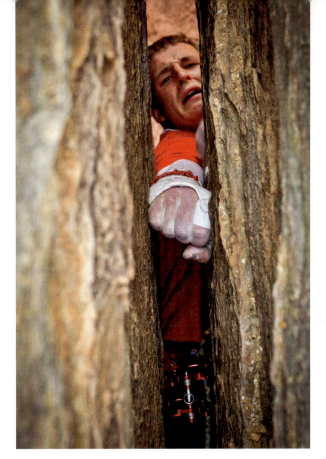

Ohne Schmerzen geht es nicht: Pete Whittaker demonstriert,
wie man seine Faust am besten im Riss verkeilt.

gefragt«, sagt Tom. Für ihn ist Offwidth-Klettern eine Art Kampf gegen den Felsen. Damit sie sich ihm als würdiger Gegner erweisen können, haben er und Pete die Route zuvor genau studiert, in ihre Einzelteile zerlegt und Stück für Stück aus alten Küchenarbeitsplatten in Toms Keller nachgebaut: »Wenn es nichts gibt, woran man trainieren kann, dann bleibt einem eben nichts anderes übrig.« Zwei Jahre verbringen Tom und Pete in ihrer ganz persönlichen Trainingshölle, bevor sie sich sicher sind, dass sie den Century Crack schaffen können.

Und wirklich, im Oktober 2011 beweisen sie unter der sengenden Sonne Utahs, dass sich ihre ganze Quälerei gelohnt hat. Um Gewicht zu sparen, klettern sie den Century Crack mit dem äußersten Minimum an Sicherungsausrüstung. Fallen ist keine Option. Am Ende bleibt der Triumph, es allen gezeigt zu haben – und ein bisschen Wehmut, zumindest bei Tom: »Der Century Crack ist der schönste Offwidth-Crack, den ich kenne. So etwas wird uns in unserer Kletterkarriere kein zweites Mal begegnen. Leider!«

OFFWIDTH-ROUTEN IN DEN USA

Die meisten Offwidth-Routen der Welt finden sich im Westen der USA. Insgesamt gibt es dort rund 100 harte Routen (Klettergrad über 5.12) und mehr als 1000 leichte Routen. Die Wide Boyz sind über 90 Prozent der härtesten Offwidths-Cracks erfolgreich geklettert.

DAS VERGESSENE LAND
KIRGISISTAN

In seinem Rücken liegt der lange Weg durch China, vor ihm Zentralasien. **Christoph Rehage** kennt dort niemanden, er kann kaum Russisch. Mit einem mulmigen Gefühl steigt er in ein Flugzeug nach Bischkek. Bevor er sich entscheidet, weiterzulaufen, will er gucken, wie es dort ist, im Land der Kirgisen.

Nach einem Monat in Kleinbussen, per Anhalter und zu Fuß erreiche ich Tscholpon-Ata, den Badeort am Nordufer des Yssykköl. Die Kirgisen sagen, der Name bedeute »Vater der Venus«, und für mich stimmt das auch, denn jeden Abend warte ich am See auf die Sternendämmerung: einmal am Himmel, einmal als Spiegelung im Wasser. Und ich bin nicht allein. Pünktlich zum Sonnenuntergang fliegen Tausende von Krähen auf, um sich in den Baumwipfeln niederzulassen.

S. 78/79
Die größte Stadt am See Yssykköl heißt Karakol – die schwarze Hand. Die Leute sagen, nachts sei es dort nicht sehr sicher, doch ich spüre nur wenig davon. Wenn der Mond aufgeht, wachen die Berge in der Ferne, und es wird still in Karakol.

In den Bergen von Jeti-Oguz sehe ich einer Dame dabei zu, wie sie Sanddorn von Zweigen schneidet. Es dauert ewig. Ich probiere eine der Früchte und verziehe das Gesicht. Sie lacht. Man könne Konfitüre daraus machen, sagt sie, oder Medizin. Aber niemand würde sie roh essen.

Ich bin auf der Suche nach dem Dorf Yrdyk, einer der seltenen dunganischen Siedlungen in dieser Gegend. Die Dunganen sind chinesische Muslime, die im späten 19. Jahrhundert eingewandert sind. Von ihrem Dialekt heißt es, dass er noch aus der Kaiserzeit stamme, außerdem sollen sie gute Köche, Bauern und Unternehmer sein. Auf der Suche nach ihrem Dorf laufe ich stundenlang querfeldein, und dann, als die Sonne bereits tief am Horizont steht, treffe ich meinen ersten Dunganen. Er reitet auf einem Esel seiner Schafherde hinterher, ich spreche ihn an, und in alter Zunge weist er mir den Weg in sein Heimatdorf. Es heißt Yrdyk – endlich habe ich es gefunden!

KIRGISISTAN

Die Kirgisen haben es nicht leicht. Erst kam der Zar, dann der Sozialismus und schließlich die Demokratie, und jedes Mal hieß es, sie sollten von ihren Weiden herabsteigen und endlich sesshaft werden, für den Fortschritt. Nicht wenige griffen zur Flasche. Die Kirgisen wissen, dass sie ein kleines Land sind, das von Korruption geplagt ist und das leicht übersehen wird. Sie spüren, dass Russland, China, die Türkei und die USA unterschiedliche Interessen in ihrem Land haben.

Daheim bei Abdurahman. Er ist Dungane, und obwohl sein Haus mit sieben Kindern rappelvoll ist, nimmt er mich bei sich auf. Wir stellen fest, dass seine Frau und ich verwandt sein könnten, da sie deutsche Vorfahren hat. Abdurahman lacht und fährt sich übers Haar. Es sei grau, sagt er, weil er so viel über Geld nachdenke. Bei der Heirat brauche jeder Sohn ein eigenes Haus, jede Tochter eine teure Mitgift.

KIRGISISTAN 83

Wäre nicht das Stimmengewirr um mich herum, ich würde mich auf dem Basar von Bischkek fühlen wie in einem Korallenriff, so bunt sind die Teppiche, so leuchtend die Tücher, so unterschiedlich die Besucher, die da durcheinanderschwärmen. Draußen auf den Weiden ist das anders. Dort malt die Sonne das Land, und Menschen sind rar. Ich laufe in eine Schafherde hinein, und sie zerstiebt vor mir wie eine Wolke. Der Schäfer lacht. Er ist derjenige Dungane, der mich nach Yrdyk bringt. Ich folge seinen Tieren bis zu einem flüsternden Bach, den sie unter Peitschenknallen und Pfiffen durchqueren, während ich ihn an seiner schmalsten Stelle überspringen muss.

Links Nachdem ich den Burana-Turm von Tokmok erreicht habe, bleibe ich bis tief in die Nacht, um ihn vor der Milchstraße zu fotografieren. Es ist kalt, und ich freue mich, als ein großer, schwarzer Hund kommt, um mir Gesellschaft zu leisten. Es gibt nicht viele alte Bauwerke hier, denn früher waren fast alle Kirgisen Nomaden, die mit ihren Jurten durchs Land zogen.

Rechts So wie die Fischer, die mich am Son-Kul zum Essen einladen. Es gibt Kaviar aus dem See. In der Hauptstadt werde er für 50 Dollar je 100 Gramm verkauft, sagen sie, sie selbst aber könnten so viel davon essen, wie sie wollten – mehrere hundert Gramm pro Tag. Als ich bemerke, dass sie reiche Männer seien, lachen sie: Ja, reich! Es ist dieses Lachen, das ich so oft höre in Kirgisistan.

Der Strand von Tscholpon-Ata liegt verlassen da. Generationen von Sowjetbürgern haben hier Urlaub gemacht, doch nun haben wir Oktober 2014, und über allem hängt Müdigkeit. Ein Mann taucht auf. Vor vier Jahrzehnten war er zwei Jahre lang als Soldat in der DDR, in Wismar und in Magdeburg. Einmal ging er in der Ostsee schwimmen, doch da wimmelte es von Tausenden kleinen Quallen, und es blieb bei dem einen Mal. Er seufzt. Früher sei alles besser gewesen, sagt er. Da habe es keinen Müll gegeben und auch keine reichen Leute. Ich frage ihn, ob reiche Leute denn schlecht seien, und er lacht trocken: »Wozu ist das alles gut? Sie essen anderes Brot und trinken anderen Tee, aber wozu?« Er verabschiedet sich, geht mit seinem Stock am Strand entlang, eine Möwe schreit, und eine Plastiktüte schwebt im klaren Wasser wie eine Qualle.

S. 86/87 Die Menschen sind stolz auf ihr Land, auf seine Seen, seine Weiden und seine Berge.

SPEED UND SKI PAKISTAN

Für den Speedbergsteiger Benedikt Böhm ist Geschwindigkeit am Berg ein entscheidender Sicherheitsfaktor. Er bezwingt Achttausender am liebsten mit einem Minimum an Ausrüstung – und Skiern auf dem Rücken, um damit möglichst schnell wieder ins Tal zu gelangen.

SPEED UND SKI

»Speedbergsteigen bedeutet: minimale Ausrüstung, maximaler Speed.« Schnell rauf und schnell wieder runter, am liebsten auf Skiern – das ist das Erfolgsrezept von Benedikt Böhm. Für ihn gehen Geschwindigkeit und Sicherheit Hand in Hand: »Der normale Weg, einen Achttausender zu besteigen, ist über Lagerketten. Man hält sich dann drei bis vier Tage in der Todeszone auf, die bei 7000 Metern beginnt und besonders gefährlich ist, weil der Körper sich in dieser Höhe nicht mehr regenerieren kann. Um dieses Risiko zu minimieren, gehen wir beim Speedbergsteigen in einem Push vom Basecamp bis zum Gipfel durch.« Auch Speedbergsteiger können auf eine ordentliche Akklimatisierung nicht verzichten und müssen einige ungemütliche Hochlagernächte überstehen. Sie verbringen dennoch weniger Zeit in der Todeszone als andere Bergsteiger. »Unser Stil ist eine kompromisslose Sache. In deinem Rucksack sind gerade einmal zwei Liter zu trinken und 15 Powergels. Kein Daunenanzug und kein Schlafsack, kein Zelt und kein Kocher. Uns genügt ein kleineres Wetterfenster für die Besteigung, aber es gibt keine Rückzugsmöglichkeit außer den Skiern als schnelle Abstiegshilfe.«

S. 88/89 2006 kämpfte sich Benedikt Böhm unter miserablen Bedingungen auf den Gipfel des G II. Vier Jahre später genießt er vom Broad Peak aus die Sicht auf den Baltoro-Gletscher.

Hohe Berge, die man mit Skiern wieder abfahren kann, sind Benedikt am liebsten. Unter den Achttausendern kommen da nicht allzu viele infrage. 2006 ist es ihm mit Sebastian Haag gelungen, den 8035 Meter hohen Gasherbrum II an der chinesisch-pakistanischen Grenze in einer Rekordzeit von nur 17 Stunden zu besteigen. Solche

Benedikt Böhm

wurde 1977 geboren und wuchs mit fünf Geschwistern in München auf. Er ist seit dem elften Lebensjahr Leistungssportler, arbeitet als Geschäftsführer einer Sportartikelfirma und bezwingt mit seiner Kombination aus Speed und Skiern Achttausender so kompromisslos wie kaum ein anderer.

Leistung verlangt ein diszipliniertes Training. Im Winter geht Benedikt morgens vor der Arbeit manchmal gleich zweimal mit Skiern auf die 2628 Meter hohe Alpspitze. Im Sommer absolviert er ausdauernde Bergläufe, die für ihn aber nicht an die Eleganz des Skibergsteigens heranreichen. Der 37-Jährige schafft es, Sport, Familie und Beruf unter einen Hut zu bringen. Als Geschäftsführer einer Sportartikelfirma kann er das Nützliche mit dem Angenehmen verbinden, Verantwortungsbewusstsein und persönlichen Ehrgeiz in Einklang bringen. Doch aufgrund der Doppelbelastung steht er auch ständig unter Strom: »Es gibt nur

IMMER DABEI: LEICHTE SKIBINDUNG

Ohne seine leichte Skibindung besteigt Benedikt keinen Berg mehr. Sie hat ihn auf seinen Achttausenderexpeditionen begleitet, und er hat mit seinen Erfahrungen zu ihrer Weiterentwicklung beigetragen.

zwei Zustände bei mir: on oder off. Schlafen halte ich nicht unbedingt für Zeitverschwendung, aber ich habe gelernt, phasenweise mit fünf Stunden pro Nacht auszukommen.« Indem er sich fast schon utopische Ziele setzt, gelingt es ihm, sich immer wieder neu zu motivieren, denn das brutale Training gibt Benedikt mehr, als es ihm abverlangt: »Es ist meine Form der Entspannung und meine Art der Meditation.«

Als Kind wusste er oft nicht, wohin mit seiner überschüssigen Energie, bis er mit elf Jahren Mitglied im Skilanglaufverein wurde und seinen Wettkampfgeist entdeckte. Von 2003 bis 2006 war er Mitglied in der deutschen Nationalmannschaft im Skibergsteigen und schaffte es 2008 und 2010 auf den zweiten Platz bei der Patrouille des Glaciers, dem wichtigsten Skitourenrennen der Welt. Gepolt auf Speed, musste er erst lernen, dass man an sechs-, sieben- oder achttausend Meter hohen Bergen langsam, aber stetig besser ans Ziel kommt. Schnell zu sein ist ihm nach wie vor wichtig, doch er weiß auch, dass Rekorde gerade im hochalpinen Gelände relativ sind: »Die äußeren Bedingungen sind nie identisch.«

Im Nachhinein betrachtet war seine erste Expedition in den Anden die reinste Katastrophe. Während er und Sebastian Haag alles überstürzten, bei der Akklimatisierung zu nachlässig waren und ihren völlig ausgepowerten Körpern keine Ruhe gönnten, konnte Julian Würmser, damals der Dritte im Bunde, oft nur den Kopf schütteln, aber zum Glück das Schlimmste verhindern. Mit Basti hatte Benedikt einen Seilpartner gefunden, der ihn auf vielen seiner Expeditionen begleitete: Gasherbrum II (2006), Manaslu (2007), Broad Peak (2010) und zuletzt am Shisha Pangma (2014). Sie hatten das Speedbergsteigen perfektioniert und die Freiheit genossen, die ihnen ihr leichter Speed-Stil an den hohen Bergen bot, traumhafte Skiabfahrten erlebt und sich nach herben Rückschlägen wieder aufgerappelt. Stets war es ihnen gelungen, in kritischen Situationen den Moment zum Umkehren abzupassen. Aber als eine Lawine am Shisha Pangma Sebastian Haag und den mit ihnen befreundeten Bergsteiger Andrea Zambaldi in den frühen Morgenstunden des 24. Septembers 2014 aus dem Leben riss, waren sie machtlos. Auch bei einer klassischen Besteigung über Lagerketten hätte die Lawine abgehen können. Für Benedikt Böhm ist der Tod seines besten Freundes ein sehr schmerzlicher und unersetzbarer Verlust, aber ein Grund, seinen Sport deswegen ganz aufzugeben, ist es nicht. Das wäre auch nicht in Bastis Sinn.

ACHTTAUSENDERREGION

Es gibt insgesamt 14 Achttausender: Mount Everest, K2, Kangchendzönga, Lhotse, Makalu, Cho Oyu, Dhaulagiri, Manaslu, Nanga Parbat, Annapurna I, Gasherbrum I, Broad Peak, Gasherbrum II und Shisha Pangma. Zehn liegen im Himalaja, vier im Karakorum.

Vom Skardu-Tal geht es zum Broad Peak. Dort wählen Sebastian Haag, Benedikt Böhm und Thomas Steiner den Weg durch die Hermann-Buhl-Rinne.

Benedikt Böhm und Sebastian Haag feiern ihren Gipfelsieg am Gasherbrum II. Ihr Basecamp am Manaslu wurde komplett verschüttet.

PASSION
FREIHEIT
ABENTEUER
ANGST
GLÜCK
FLOW

GRENZEN
STILLE
AUSDAUER
VERTRAUEN
FREUNDSCHAFT
RISIKO

HIGH LIFE
USA UND BRASILIEN

In seiner Wahlheimat Utah findet der beste und wagemutigste Slackliner der Welt immer neue Wege, seinen Lebensstil mit anderen zu teilen. Die neueste Errungenschaft von Andy Lewis: das Space Net, das Menschen 150 Meter über dem Boden zusammenbringt.

S. 96/97 Ob in der Wüste von Moab (Utah) oder zwischen den Häuserschluchten Rio de Janeiros (S. 98/99) – Slackline-Profi Andy Lewis bringt der Blick in die Tiefe nicht aus dem Gleichgewicht.

Unbewusst schleppt Andy Lewis diese Idee bereits seit seiner Kindheit mit sich herum. »Ich liebte damals schon Hängematten«, sagt er. Genauso liebte er es damals auch, Bäume zu besteigen. Und so hingen die Hängematten seiner Jugend meist irgendwo weit oben, nahe der Krone. Das hatte ganz nebenbei den Vorteil, dass ihn niemand fand, wenn er mal wieder nicht in die Schule gegangen war.

Das Bild von einer Hängematte weit über dem Boden – es beschreibt den Gemütszustand von »Sketchy« Andy Lewis recht gut: das Leben aus einem anderen Blickwinkel genießen. Und chillen inmitten einer idyllischen Gefahr, die man sich selbst geschaffen hat. »Sketchy« bedeutet unter anderem: grenzwertig, kaum noch zulässig.

Andy Lewis wird auch Mr. Slackline genannt, er ist so etwas wie der Neil Armstrong dieser Sportart, die er selbst als Lebenseinstellung, »Slacklife«, bezeichnet. Ein Pionier, der mit seinen vielen kleinen Schritten und Kunststücken auf dem Seil schon weit rumgekommen ist. Obwohl er erst 2004, mit 18, zum ersten Mal auf einem Seil stand. Doch schnell gewann er alle bedeutenden Wettbewerbe und hievte die Sportart durch seine Ideen und durch seine Ausstrahlung, im wahrsten Wortsinn, auf ein höheres Level. Er spannte seine »Highlines« in Rio, in Bangkok oder im Yosemite National Park, und als ob die Szenerie nicht schon spektakulär genug wäre, lässt er sich stets etwas Zusätzliches einfallen. Im Sommer 2014 ging er zum Beispiel auf einem Seil, das auf 1200 Metern Höhe zwischen zwei Heißluftballons gespannt war. Ansonsten geht er auch gerne mal nackt. Einen Auftritt vor einem Milliardenpublikum hatte er auch schon: 2012 trat er auf Einladung Madonnas in der Halbzeitshow des Super Bowl auf – angezogen. In der Zwischenzeit hat sich Lewis zudem als Basejumper und gelegentlicher Bergsteiger hervorgetan. Mit der Gruppe Moab Monkeys lebte er diese drei Hobbys besonders ausgiebig aus.

2014 kam Andy seinen Kindheitserinnerungen mit einer weiteren Idee nahe. Alles begann damit, dass er zusammen mit einem Freund ein knapp 40 Quadratmeter großes Netz flocht. Dieses hängten sie dann zwischen zwei Bäumen auf – im Prinzip war es beides, eine Slackline und eine Hängematte. Andy gefiel die Idee, auf diese Weise Menschen wie bei einem Lagerfeuer zusammenzubringen. Menschen, die ähnliche Werte haben: Freiheit, Freundschaft, Vertrauen; die sich, wenn es drauf ankommt, konzentrieren können und ihren

Kleines Equipment, große Aussichten. Mit etwas Geschick lässt sich überall eine Slackline spannen.

Andy Lewis

1986 in Kalifornien geboren, hat er den Slackline-Sport entscheidend weiterentwickelt. Mit seinen Tricks dominierte er jahrelang die internationale Wettkampfszene. Andy beherrscht sämtliche Spielarten vom Tricklining bis hin zum Free Solo und hält mehrere Weltrekorde. Mit dem »Slacklife« hat er seine eigene Lebensphilosophie geschaffen.

»Regeln und Vorschriften, um Risiken komplett aus unserer Gesellschaft zu verbannen, sind lächerlich.«
Sketchy Andy

Körper beherrschen; die vielleicht auch die Sucht nach Adrenalin teilen, nach dem letzten Kick. Menschen, deren Wege sich aber eigentlich nie kreuzen: Basejumper und Highliner. Über 200 Menschen halfen mit, diese Idee zu verwirklichen. Am Ende hing ein fünfeckiges, 185 Quadratmeter großes Space Net gut 100 Meter über dem Boden eines Tals namens Fruit Bowl in der Wüste von Utah.

Eine Woche lang hing es dort und wurde in dieser Zeit zu einem Zentrum des Slacklife-Universums. Das große Loch in der Mitte des Space Net war für die Basejumper. Das Laufen auf den Seilen ist schwieriger als auf einer normalen Slackline. »Man spürt ja alle Bewegungen der Leute, die auf dem Netz sitzen«, sagt Andy Lewis. Es gab nur wenige, die beide Bestimmungen dieses Netzes nutzten, Sketchy Andy war natürlich einer von ihnen. Und setzte noch einen drauf: Er landete mit einem Paraglider im Netz.

»Ich hatte davor keine Ahnung, ob es funktionieren würde«, sagt Andy. Umso mehr freute er sich über das Gemeinschaftsgefühl, das das Netz mit sich brachte. »Es war eine große Party, aber auch eine Gedenkfeier«, so Lewis. Denn Ende 2013 hatte er seinen guten Freund Daniel Moore, ein Mitglied der Moab Monkeys, bei einem Basejump verloren.

Inzwischen träumt Sketchy Andy von einem neuen Netz, gespannt über einem kleinen See.

S. 102 Andy Lewis 850 Meter über den Dächern von Rio de Janeiro. So gehen lassen kann man sich nur, wenn man weiß, wie man auch wieder auf die Slackline hochkommt.

S. 104/105 Eine Woche hing das rund 50 000 Dollar teure Space Net über dem Canyon. Einige der etwa 250 Besucher übernachteten sogar im Netz.

BRASILIEN

Wer rund um Rio de Janeiro Highlinen oder Basejumpen will, muss erst mal gut klettern können. Der Zustieg zu einigen Spots ist auch aus anderen Gründen heikel: Der Weg führt durch Favelas, illegale Siedlungen an den Berghängen rund um die Stadt, deren Kriminalitätsrate sehr hoch ist.

USA

Moab in Utah, rund 200 Kilometer südöstlich von Salt Lake City, gilt als eine der Hauptstädte für Slackliner, insbesondere Highliner. 20 Kilometer weiter westlich, am Hell Roaring Canyon, sprang im Jahr 2008 der erste Basejumper von einer Highline in die Tiefe.

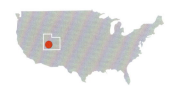

DER NEUE ROBINSON
KÖNIGREICH TONGA

Macht Einsamkeit verrückt? Kaum jemand kann diese Frage besser beantworten als der Schweizer **Xavier Rosset,** der zehn Monate allein auf einer einsamen Insel lebte. Je mehr man ihm zuhört, umso klarer wird: Man muss per se verrückt sein, um so einen Aufenthalt zu wagen. Allerdings im positiven Sinn.

DER NEUE ROBINSON

Die einsame Insel heißt Tofua. Sie liegt 21 000 Kilometer von seinem Zuhause entfernt. Der ideale Ort für Xavier Rosset, um dort zu leben – allein, 300 Tage lang. »Die Idee war, 10 000 Jahre zurückzugehen und zu zeigen, dass man überleben kann. Im Alltag haben wir immer so viele Probleme, aber es geht nicht wirklich ums Überleben«, so Xavier. Heute lebt der ehemalige Snowboard-Profi wieder in der Schweiz. Er habe nun einen anderen Blick auf die Welt, sagt er – er selbst habe sich durch den Aufenthalt kaum verändert.

Stundenlang nackt zu sein, sagt Xavier, sei eine Freiheit, die man in Europa nicht mehr nachvollziehen könne.

Ein treuer Begleiter war der Hund, den ihm ein Eingeborener mit dem Motorboot vorbeibrachte, damit er ihm Gesellschaft leiste.

Xavier, du hast zehn Monate gelebt wie ein Urzeitmensch. Hast du auch ähnliche Dinge getan wie deine Vorfahren, zum Beispiel ihre eigenen Sternbilder erfunden?

Die Sterne und das Lagerfeuer waren für mich wie Fernsehen, es gab auch viele Sternschnuppen. Aber ich habe keine Namen vergeben, nein, ich habe sie Menschen gewidmet: meinen Eltern, meiner Schwester, meiner Freundin. Auf diese Weise haben sie mich an die Menschen erinnert, die mir am nächsten sind. Obwohl man so etwas eigentlich nicht machen sollte.

Warum?

Es bringt rein gar nichts, an zu Hause zu denken, auf Dauer würde man da nur ausflippen. Wenn du Heimweh kultivierst, kannst du nicht glücklich werden. Diese Gefühle tragen nichts dazu bei, das zu bewerkstelligen, was erledigt werden muss.

Was musste alles erledigt werden, wie sah ein gewöhnlicher Tagesablauf aus?

Du wachst zunächst immer mit der Sonne auf. Später habe ich dann oft länger geschlafen, auch, weil ich keine Sorgen hatte. Am Morgen musste ich immer einen Plan haben: Angeln,

KÖNIGREICH TONGA

Tofua ist knapp 56 Quadratkilometer groß und gehört zur Tonga-Inselgruppe im Südpazifik. Die letzten Bewohner flohen 2006 vor den regelmäßigen Vulkanausbrüchen. Auf Tofua gibt es keine Sandstrände.

Trinkwasser suchen oder etwas bauen, das es auffängt, es gab ständig etwas zu reparieren. Man merkt schnell, wie dabei die Instinkte zurückkommen, man wird wieder zum Jäger. Mit Sonnenuntergang habe ich jede Arbeit sofort abgebrochen und angefangen zu kochen. Abends habe ich mich nie einsam gefühlt.

Der aktive Vulkan ist der Grund, warum 2006 die letzten Menschen Tofua verließen.

Dein Tagebuch von der Insel liest sich so, als ob du mit dem Alleinsein meist gut klarkamst, manchmal aber gar nicht. Nach acht Tagen schreibst du: »Das Schlimmste ist: Ich bin selbst schuld daran.« Was meintest du damit?

Es gab verschiedene Phasen. Die Einsamkeit in der ersten Woche war überwältigend, obwohl ich ja genau deswegen hierhergekommen war. Kurz darauf kam der große Zusammenbruch, die vielen Fragen: Warum hast du dir das angetan? Dann wiederum habe ich gemerkt: Es ist toll, diesen Prozess zu durchleben. Zu verstehen: Es war ja meine eigene Idee. Und das bringt einen ganz schnell zu der Erkenntnis: Nur du allein bist jetzt für dich verantwortlich, du kannst rein gar nichts auf irgendjemand anderen abschieben. Irgendwann hatte ich es

»Ich glaube nicht, dass der Mensch für die Einsamkeit geschaffen ist. Aber sie ist gut, um sich selbst kennenzulernen.«
Xavier Rosset

raus, ich dachte nicht mehr an das, was weit weg war, nur noch an das Hier und Jetzt.

Das hört sich so an, als ob man für Einsamkeit einen anderen Geisteszustand braucht.

Sicherlich. Es ist ein bisschen so, als ob man einen Nebel um sich herum kreieren müsste. Wenn man sich immer mit jemandem abstimmen muss, muss man sich auch ein Stück weit öffnen. Wenn du alleine bist, triffst nur du die Entscheidungen. Das hört sich einfach an, aber es ist eine wichtige Erkenntnis. Niemand gibt dir Tipps. Wenn du nicht weißt, wie man ein Feuer macht, dann musst du es durch Experimentieren herausfinden. Man wertschätzt dann

Der erste und wichtigste Schritt aus der Steinzeit: sich einen Schutz zu schaffen.

wieder die Fehler, die man macht, denn durch sie lernt man erst. Nach ein paar Versuchen machst du es dann richtig. Du benutzt nicht das Internet, das Ratschläge für alle Lebenslagen hat. Wenn du sie annimmst, machst du aber nichts selbst. Du reproduzierst nur Dinge, die ein anderer gemacht hat. Einsamkeit kann dir deshalb ein großes Gefühl von Unabhängigkeit geben. Zum Beispiel, wenn du selbst einen Räucherofen für deine Fische baust, der irgendwann tatsächlich auch funktioniert.

Aber es ist Kreativität auf Zeit. Im Unterschied zu Robinson Crusoe wusstest du ja, dass du zurückkommen würdest.

Geangelt hatte Xavier vorher nie. Die Fische auszunehmen war einfacher, als sie haltbar zu machen – was ihm erst mit einem improvisierten Räucherofen gelang.

Noch wichtiger: Ich habe es freiwillig getan. Die Wahl zu haben, das ist der Unterschied. Ich konnte mir sagen: Niemand hat dich gezwungen, also beweg deinen Hintern und such nach Nahrung! Für Crusoe muss das sehr viel härter gewesen sein, denn er musste sich fragen: Warum hat es ausgerechnet mich getroffen? Warum lebe ich überhaupt noch, hat das alles einen Sinn? Ich hatte auf all diese Fragen schon Antworten.

Wird man auch durch vorübergehende Einsamkeit unabhängiger?

Nicht unbedingt. Einsamkeit ist das Gefühl in einer Lebensphase mit viel Zeit, in der man über sich selbst nachdenken kann. Abhängig vom Gemütszustand kann das größte Freiheit oder das größte Gefängnis bedeuten. Ich würde so einen Aufenthalt niemandem empfehlen, der nicht mit sich im Reinen ist. Du musst dir im Spiegel tief in die Augen schauen können.

Du hattest einen Spiegel?

Für mich war der Spiegel natürlich das Wasser. Du musst dich anschauen und sagen können: Ich habe nichts an dir auszusetzen. Wenn du allein bist, musst du dein eigener Psychologe sein können, dich selbst objektiv betrachten. Meist führt das aber gerade dazu, zu viel nachzudenken. Denn man merkt schnell, dass man weniger nachdenken und einfach machen

Xavier Rosset

Jahrgang 1979, ist ein ehemaliger Snowboard-Profi aus der Schweiz. Er hat ein kleines Stück Land auf Tofua für 25 Jahre gepachtet und besucht die Insel nun häufiger.

muss. Dann kann man sich selbst gut zureden, das ist wichtig: Da hast du eine schöne kleine Hütte gebaut! Der Fisch, den du gefangen hast, gibt ein super Abendessen! Solche Dinge. Ich bin ein positiver Mensch, bei mir klappt das.

Du hast also mit dir selbst geredet, so wie Tom Hanks in *Cast Away*?

Am Anfang noch nicht. Nach ungefähr zwei Wochen ging das los, mit richtig lauter Stimme. Aber nach ein paar Tagen habe ich gemerkt, dass es zu einem Reflex wird, du bekommst es selbst gar nicht mehr mit. Da dachte ich mir: Wenn ich so nach Hause komme, dann denken die Leute doch, der ist komplett verrückt! Dann habe ich weiter zu mir gesprochen – aber nur noch in meinem Kopf.

Fühlt sich das denn nicht automatisch verrückt an, zu sich selbst sprechen?

Man vermisst es ja auch ein wenig, Stimmen zu hören. Aber nach einer Weile wird es zu einem Luxus, keine mehr zu hören. Ich hatte dann: das Zwitschern eines Vogels, das Quieken meines kleinen Schweinchens, das ich eines Tages in meiner Falle gefunden hatte. Das Meer, das gegen das Riff knallt. Der Wind in den Blättern des Regenwalds. Die meisten Menschen reden ja sowieso nur Quatsch (lacht).

Hast du sonst Dinge gemacht, die man in unseren Breitengraden als verrückt bezeichnet?

Manchmal blieb ich stundenlang nackt. Eine Freiheit, die man zu Hause selten hat – so schwimmen zu gehen und sich einfach trocknen zu lassen. Ansonsten gab es da nicht viel. Ungewöhnlich ist, dass man die ganze Zeit im Freien ist. In Europa starrt man auch nicht die Sterne an. Man hat einfach so unglaublich viel Zeit dort.

Wie wirkt sich das aufs Gemüt aus: Zeit haben?

Jedes Mal wenn ich eine Kokosnuss aß oder den Vulkan anstarrte, war ich in diesem Moment voll darauf fokussiert. Der Aufenthalt war wie eine zehnmonatige Meditation.

Hast du dich in den zehn Monaten sehr verändert?

Abgesehen davon, dass ich 19 Kilo abgenommen habe, nicht. Das bestätigte mir schon nach wenigen Minuten der Mann, der mich nach 300 Tagen mit dem Boot abgeholt hat, er hatte sich vorher einige Gedanken um mich gemacht. Es verändert sich nur etwas in deinem Inneren, für andere nicht sichtbar. Weil man die Fragen klären kann, die in einem stecken – in Europa fehlt uns dafür die Zeit. Deine Ziele verändern sich, dein Verhalten nicht.

Du gehst also immer noch gerne auf Partys und unter Leute?

Nicht mehr und nicht weniger als vorher. Obwohl, ich lege jetzt mehr Wert auf Qualität als auf Quantität. Ich will in meiner Freizeit meine Freunde um mich haben, keine Menschen, die ich nicht kenne.

In seinem Unterschlupf überstand der Schweizer ein Erdbeben und einen Wirbelsturm.

IMMER DABEI: MACHETE

Wer sich seinen Weg durch dichten Dschungel bahnen muss, lernt den Wert von traditionellen Werkzeugen schnell wieder zu schätzen. Xavier Rosset ist hier keine Ausnahme.

EISZEIT
KANADA UND TANSANIA

Der Kanadier **Will Gadd** klettert die anspruchsvollste Route seines Lebens. Nach monatelangem Training fühlt er sich bereit für Helmcken Falls, doch dann wird das Klettern für ihn ein Wettlauf gegen die Zeit.

Wer sich Helmcken Falls nähert, hört den Wasserfall lange bevor er ihn zu Gesicht bekommt. Vor allem im Winter, wenn die dichten Wälder im Westen Kanadas zu schlafen scheinen. Donnernd stürzt der Murtle River hier 141 Meter in die Tiefe und verwandelt mit seiner Gischt den gesamten Talkessel in eine bizarre Eislandschaft. Die Eiszapfen, die sich an der überhängenden Felswand hinter dem Wasserfall bilden, können bis zu zehn Meter lang werden. Als Will Gadd vor zehn Jahren zum ersten Mal Bilder von diesem eisigen Amphitheater zu Gesicht bekam, war er fasziniert. Er konnte sich aber nicht vorstellen, dass er die Route hinter dem Wasserfall jemals klettern würde. Jetzt will er es versuchen. Die Chancen stehen nicht schlecht: »Ich war nie der Stärkste oder Schnellste. Aber ich kann sehr hart an mir arbeiten und viele Stunden, Tage, sogar Jahre ins Training investieren, um bestimmte Fähigkeiten zu erlangen.« Diese Art von Besessenheit unterscheidet ihn von den meisten Leuten. Doch sie ist genau das, was man für eine Route wie Helmcken Falls braucht, abgesehen von Kraft, Ausdauer und Erfahrung.

S. 112/113 Helmcken Falls fließt zu schnell, als dass er komplett gefrieren könnte. Das Spray-Eis an der Wand hinter dem Wasserfall ist äußerst instabil.

Wenn es ums Eis geht, ist Will Gadd Experte. Der Kanadier kann Alter, Entstehungsweise und Haltbarkeit von fast jeder Sorte bestimmen, er ist unter Gletschern, in alten Minen, auf Eisbergen und an Wasserfällen geklettert. Selten aber hat er so wenig Vertrauen in den gefrorenen Untergrund gehabt wie bei Helmcken Falls: »Das Eis hier ist gefährlich instabil.« Auch auf die Felsen unter den Eiszapfen ist kein Verlass. Als er die Route im letzten Sommer genauer unter die Lupe genommen hat, sind bei der geringsten Belastung fortwährend lose Brocken aus der Wand herausgebrochen. Fazit: »Wenn nicht alles steinhart gefroren ist, ist Klettern hier wirklich lebensgefährlich.«

Im Dezember 2014 fallen die Temperaturen endlich unter den Gefrierpunkt und Will hat nach sechsmonatigem Training seine Bestform erreicht. Er glaubt nicht, dass er jemals wieder so fit sein wird wie jetzt mit 47 Jahren: »Lange kann ich auf diesem Niveau jedenfalls nicht mehr klettern.« Will weiß, dass ihm

Will Gadd

wurde 1967 geboren. Der Kanadier ist vor allem als Eiskletterer bekannt geworden, dabei ist er ein Allround-Talent: Neben Klettern gehören Mountainbiken, Skifahren und Gleitschirmfliegen zu seinen Lieblingssportarten.

S. 114/115 Eiszapfen in Mammutgröße und ein instabiler Eistrichter am Boden: Helmcken Falls ist alles andere als ein sicherer Ort.

S. 117 Mit dem donnernden Wasserfall im Rücken kann sich Will kaum noch mit seinem Team verständigen.

die Zeit davonrennt. Vielleicht ist auch das die Erklärung für seine Motivation und Leidensfähigkeit. Wenn er Helmcken Falls klettern will, dann jetzt oder nie. Doch ihm ist auch klar, dass er dieses Projekt nicht allein stemmen kann. Mit John Freeman, Sarah Hueniken und Katie Bono hat er genau das richtige Team gefunden. 15 Tage lang bereiten sie die Route vor, setzen Bohrhaken und Sicherungsseile und schlagen instabile Eiszapfen aus der Wand heraus, die als eisige Geschosse auf dem Boden in 1000 Einzelteile zersplittern und die Kletterer in regelmäßigen Abständen daran erinnern, dass es in diesem Kessel keinen wirklich sicheren Ort gibt.

Bei Temperaturen von minus 30 Grad arbeitet sich Will Seillänge um Seillänge die Wand hinauf. Dass er sich auf halber Höhe einen Finger

S. 118, S. 120/121
Klettern gegen die Zeit: Vom Gletscher auf dem Kilimandscharo ist nicht mehr viel übrig geblieben. Will geht davon aus, dass die Routen, die er im Oktober 2014 geklettert ist, inzwischen nicht mehr existieren.

> **»Die meisten Menschen hätten sicher keinen Spaß an dem, was ich tue. Es ist schwierig, gefährlich und schmerzhaft. Aber gleichzeitig auch wirklich, wirklich erfüllend.«**
> **Will Gadd**

bricht, ist für ihn kein Grund, das Projekt abzubrechen: »Wenn ich eine Chance habe, die Route zu schaffen, kann ich Schmerzen ein Stück weit ignorieren.« Doch nun rückt auch der Wasserfall in bedrohliche Nähe. Es wird immer nasser – und lauter. In regelmäßigen Abständen muss er eine zentimeterdicke Eisschicht von seinem Seil klopfen und kann seine Route vor lauter neuem Spray-Eis fast nicht mehr erkennen. Doch auch die widrigsten Bedingungen können ihn nicht in die Knie zwingen. Will gelingt die Erstbegehung einer der schwierigsten Mixed-Routen der Welt. Er tauft sie auf den Namen »Overhead Hazard«.

Auch für sein nächstes Projekt – Eisklettern auf dem Gipfel des Kilimandscharo – hat er keine Zeit zu verlieren. Dieses Mal liegt es aber nicht an ihm: Das Eis selbst könnte sich in kürzester Zeit in Luft aufgelöst haben. Was früher noch völlig undenkbar war, ist heute traurige Realität. Vom einstigen mehrere Quadratkilometer großen Gletscher auf dem Kilimandscharo sind nur noch klägliche Reste übrig geblieben. Man muss kein Eis-Experte wie Will sein, um zu verstehen, was das heißt: Der Klimawandel hat seine Spuren hinterlassen.

HELMCKEN FALLS, KANADA

Helmcken Falls liegt im Südosten der kanadischen Provinz British Columbia. Der Murtle River stürzt hier 141 Meter in die Tiefe.

KILIMANDSCHARO, TANSANIA

Der Kilimandscharo ist mit 5895 Metern der höchste Berg auf dem afrikanischen Kontinent. Sein Gletscher wird vermutlich bis 2020 verschwinden.

IM RAUSCH DER TIEFE
NEUKALEDONIEN

Der französische Apnoetaucher Guillaume Néry
verbindet in seiner Sportart Athletik mit Ästhetik.
Seine Tauchgänge werden zu Grenzgängen
zwischen Traum und Wirklichkeit.

Noch einmal füllt er seine Lungen mit Luft, dann taucht er ab ins tiefe Blau. Keine Sauerstoffflasche, keine Tauchausrüstung. Ohne Hilfsmittel lässt sich der Apnoetaucher Guillaume Néry bis zu 125 Meter in die Tiefe des Meeres sinken. Nur ein vertikales Seil zeigt ihm den Weg nach unten. Es ist dunkel, kalt und der Druck auf Brustkorb und Lunge wird mit jedem Meter nach unten größer. »Es ist ein menschenfeindlicher Ort«, stellt der gebürtige Franzose fest.

Seit Jahren gilt Néry als einer der besten Athleten seines Sports und ist ein geschätzter Trainer, auch bei seinen Konkurrenten. Wer aus eigener Kraft und nur mit der Luft, die die eigenen Lungen fassen, in die Tiefe des Meeres hinabtaucht, muss den eigenen Körper und Geist sehr gut kennen. Guillaume Néry trainiert das ganze Jahr über in Tauchbecken zu Hause in Frankreich oder in Südseegebieten, deren Wassertemperaturen seine Trainingstauchgänge zulassen. Ungemütlich wird es ab einer gewissen Tiefe so oder so: Aufgrund des enormen Drucks ist die menschliche Lunge ab 25 bis 35 Meter Wassertiefe so klein wie beim maximalen Ausatmen an Land. Wenn derartige Kräfte auf den Körper einwirken, kommt die Stärke des Geistes ins Spiel: »Schmerzen hat man nur, wenn man sich gegen den Druck, gegen die Elemente wehrt. Doch wenn man loslässt und sich entspannt, dann fühlt es sich an wie Fliegen«, erklärt der mehrfache Weltmeister Néry. Das Fliegen, ja die völlige Schwerelosigkeit unter Wasser, war schon immer sein Traum, erklärt er: »Als Kind wollte ich Astronaut werden. Tatsächlich gibt es einige Parallelen zwischen Weltraum und Meer. Die Schwerelosigkeit, die Dunkelheit und das Gefühl der Freiheit in einem menschenfeindlichen Raum – ich glaube, Freediver und Astronauten erleben ähnliche Zustände und Gefühle.« Vielleicht ist es auch das Rundum-Panorama, das Néry an seinen Astronautentraum erinnert: »Oben, unten, rechts, links, vor und hinter dir ist nur dieses tiefe dunkle Blau. Es gibt sonst keinen Ort auf der Welt, wo der Rundumblick aus

S. 122/123
Ab 25 Meter Tiefe ist der Druck des Wassers so hoch, dass sich die Lunge auf ein Drittel ihrer ursprünglichen Größe verkleinert.

Für Guillaume Néry geht mit jedem Tauchgang ein Kindheitstraum in Erfüllung, denn in der Tiefe fühlt sich der Franzose wie ein Astronaut – sein Berufswunsch aus Kindertagen.

NEUKALEDONIEN

Die kleine Inselgruppe im südlichen Pazifik, die zu Frankreich gehört, liefert Guillaume Néry die perfekte Umgebung, um im Meer zu trainieren. Anders als im Tauchbecken muss der Apnoetaucher hier mit dem Auftrieb des Salzwassers und den Meeresströmungen zurechtkommen.

einer einzigen satten Farbe besteht. Das ist ein unglaublich starkes Gefühl.«

Es ist eine Reise in eine andere Welt, die nicht nur den Körper, sondern auch das Gehirn beeinflusst. Ab 30 Metern Tiefe können Taucher einen sogenannten Tiefenrausch erleben. Die Wahrnehmung verändert sich und mit ihr das Urteilsvermögen. »Ich habe Visionen und mir erscheinen Bilder«, erklärt Néry, »es ist wie beim nächtlichen Träumen: Man kann seine Tiefenrauschvisionen nicht steuern. Ich kann meine Gefühle nicht beeinflussen. Manchmal fühle ich große Angst und manchmal bin ich ganz friedlich.«

Die Visionen seiner Tauchgänge teilt Guillaume Néry mit seiner Frau Julie Gautier. Sie ist nicht nur selbst eine erfahrene Apnoetaucherin, sondern gleichzeitig auch Fotografin und Filmemacherin. Mit der Kamera folgt Gautier ihrem Mann in die Unterwasserwelt. Gemeinsam inszeniert das Paar spektakuläre Aufnahmen, die von Nérys Tiefenrauschvisionen inspiriert sind. In ihrem jüngsten Film *Ocean Gravity* zeigt sich der Meeresgrund wie die Oberfläche eines fremden Planeten. Darüber schwebt Néry. Er gleitet bewegungslos über den Untergrund, und in diesem Moment sieht er tatsächlich aus wie ein Astronaut, schwerelos, im Weltall.

Von Träumen inspirierte Wirklichkeit: Gemeinsam mit seiner Frau, der Filmemacherin Julie Gautier, schafft Néry fantastische Aufnahmen, wie aus einer anderen Welt.

Dem Licht entgegen: Néry vor der Bronzestatue Cristi degli abissi (Christus der Abgründe), die im Jahr 1954 auf dem Meeresgrund vor der ligurischen Küste in 17 Metern Tiefe aufgestellt wurde.

PASSION
FREIHEIT
ABENTEUER
ANGST
GLÜCK
FLOW

GRENZEN

STILLE

AUSDAUER

VERTRAUEN

FREUNDSCHAFT

RISIKO

Weit draußen im Südpolarmeer liegt eine schmale Insel mit schroffer Küste, hohen Bergen, von Gletschern zerfurcht. Die **Baffin Babes** finden in Südgeorgien eine der schönsten Inseln der Welt.

132 TANZ DER PINGUINE

S. 130/131 Hier draußen sind es die Naturgewalten, Wind, Schnee und Kälte, die uns fest im Griff haben. Mich faszinieren diese Kräfte, sie so nah am Körper zu spüren.

Die Baffin Babes (v. l. n. r.: Vera Simonsson, Emma Simonsson, Kristin Folsland Olsen) auf neuen Abenteuern. Auf unserer letzten Expedition haben wir in 80 Tagen Baffin Island durchquert. Jetzt wollen wir wieder los, mit Skiern und Zelt einen spektakulären Ort erkunden. Es war Vera (S. 136), die den Vorschlag machte: Südgeorgien, eine kleine Insel mit mächtigen Gletschern und Pinguinen (S. 134/135). Natürlich wollen wir dorthin und mit den Pinguinen tanzen!

Es stürmt so stark, dass wir uns gegenseitig zurufen und trotzdem nichts verstehen. Der Wind zerrt an allem und peitscht uns die Wangen rot. Südgeorgien ist eine paradiesische Insel, aber das Wetter wechselt blitzartig. Die katabatischen Winde, die mit Geschwindigkeiten von bis zu 140 Stundenkilometern auf die Insel treffen, fürchten wir auf dieser Tour am meisten. Der Wind übermannt uns regelrecht, wirft uns zu Boden, es fällt uns schwer, aufrecht zu stehen. Das Zelt schnalzt und flattert, die Zeltplane wirkt mickrig, aber die doppelten Stangen in jedem Tunnelzug geben uns nachts eine gewisse Sicherheit.

SÜDGEORGIEN

Die Inselgruppe im Südatlantik wurde 1775 erstmals von James Cook erkundet. Zur Sommerzeit leben dort etwa 30 Forscher und Regierungsbeamte. Sie teilen sich die Insel mit einer halben Million Königs- und fünf Millionen Goldschopfpinguinen.

Rechts Abends hängt Emma meine Mini-Discokugel im Zeltdach auf, der Beat von Robyn erklingt. Wie ich es liebe, mit den Babes unterwegs zu sein. Wir jagen nicht nach Rekorden, wir konzentrieren uns, wenn wir müssen, und lachen und tanzen so oft wir können.

Wööörrrrl. Was war das? Wir sitzen im Zelt und frühstücken, als wir ein Grunzen jenseits der Plane vernehmen. Wir ziehen den Reißverschluss nach oben und sehen direkt vor unseren Augen ein kleines See-Elefantenjunges. Es verbringt den ganzen Tag mit uns und kommt uns am Tag darauf wieder besuchen. Die Tiere in Südgeorgien haben an Land keine natürlichen Feinde und sind deshalb sehr neugierig. Für uns besteht darin ein besonderer Reiz, der das Reiseziel Südgeorgien ausmacht: die Chance, wilde Tiere aus nächster Nähe zu erleben. Diese Insel gehört den Tieren. Uns überkommt das Gefühl, im Paradies gelandet zu sein.

Mekka der Pinguine. Am Strand empfängt uns eine lautstarke Kakophonie, eifrig rufen Pinguinküken und ihre Eltern nacheinander, vor uns wuselt es nur so vor Leben. Mit einer Population von bis zu 500 000 Tieren ist Salisbury Plain einer der größten Brutplätze für Königspinguine. Sobald wir auf unserer Tour eine Pause einlegen, werden wir umzingelt von neugierigen flaumigen Pinguinjungen. Sie leisten uns auf unseren Lagerplätzen entlang des Strandes Gesellschaft – ein tolles Willkommenskomitee.

Unten Wir haben unseren Traum verwirklicht und erleben ein paar der intensivsten Tage unseres Lebens. Als wir uns von unserer Abenteuerinsel verabschieden, kullern ein paar Tränen des Glücks.

Rechts Wie um alles in der Welt sollen wir da vorbeikommen?, bricht es aus Emma heraus. Auf der Karte sah es aus wie ein kleiner runder Hügel, hier ist es ein großer steiler Berg. Dieser Teil des Weges war eine Herausforderung. Es existieren keine guten detaillierten Karten von Südgeorgien. Die einzige Karte, die aufzutreiben war, hat einen Maßstab von 1:200 000. Bevor wir losgefahren sind, haben wir Satellitenbilder von schwierigen Passagen studiert, und unterwegs müssen wir mit unserer Route flexibel sein. Südgeorgien ist im Schnitt 20 bis 40 Kilometer breit, doch die Berge ragen bis zu 3000 Meter aus dem Meer. Das alpine Terrain ist durch zerfurchte Gletscher und die steil abfallende Küste geprägt.

S. 140/141 Die Bergkanten sind steil, die Stürme haben so viel Schnee auf die Seite geweht, über die wir aufsteigen wollen, dass wir umdrehen müssen. Die Lawinengefahr ist zu groß.

STROM DES LEBENS
DEMOKRATISCHE REPUBLIK KONGO

»Seid ihr bereit für den besten Tag eures Lebens?« Mit diesem Satz begrüßte Expeditionsleiter **Hendri Coetzee** Morgen für Morgen seine amerikanischen Schützlinge, die Extrem-Kajaker **Chris Korbulic und Ben Stookesberry**, tief im Herzen Afrikas. Er lebte immer so, als ob jeder Tag der letzte sein könnte.

S. 142/143 Ben Stookesberry beim Wild Water Kayaking auf dem Lukuga in der Demokratischen Republik Kongo.

»Hendris Lebensphilosophie hat mich schon damals sofort angesprochen: Ein Leben zu führen, das man wirklich führen will und sich stärker auf die schönen Momente zu fokussieren«, erinnert sich Chris Korbulic rückblickend. »Ben und ich hatten ihn kontaktiert, weil wir eine Wildwasserexpedition in Afrika auf die Beine stellen wollten, und Hendri war als herausragender Expeditionsguide bekannt.«

Der Südafrikaner Hendri Coetzee, der schon seit Jahren in Uganda lebte, hatte unter anderem den Weißen Nil von seinem Ursprung bis zur Mündung erstbefahren. Sein nächstes großes Ziel: der Kongo. Bereits im Vorjahr hatte er den größten Teil des mehr als 4300 Kilometer langen, braunen Stroms bis zum Ozean zurückgelegt, teils im Kajak, teils in anderen Booten. Jetzt fehlte ihm noch das Quellgebiet. »Zusammen fassten wir den Plan, Hendris Mission zu vervollständigen und den bis dahin noch völlig unerforschten Lukuga bis in den Quellfluss des Kongos hineinzupaddeln.«

Der Lukuga ist ein rasanter Wildfluss, in dem es nicht nur vor Nilpferden und Krokodilen wimmelt, sondern der sich auch durch politisch höchst sensibles Terrain schlängelt und die steile Zentralafrikanische Schwelle durchbricht. Doch bevor sich das Team zum Lukuga aufmacht, wollen sich die Afrika-Neulinge Ben und Chris zunächst an das Leben auf dem Schwarzen Kontinent akklimatisieren. Und so entwerfen die Kajaker eine spektakuläre Reiseroute, die »Great Lakes Kayaking Expedition«. Hendri schreibt in seinem Blog:

»Soweit ich weiß, ist das die umfassendste afrikanische Flusserforschung unserer Generation. Start ist am 19. Oktober und wir hoffen, Weihnachten zurück zu sein.« Hendri Coetzee, 4. Oktober 2010

Als Ben, Chris und Hendri Wochen später ihr eigentliches Ziel, den Lukuga, erreichen, haben sie schon um die 2000 Kilometer hinter sich gebracht. Eine Zeit voller Abenteuer, in der sie quer durch Uganda, Ruanda, Burundi und den Kongo streiften, auf dem Nil paddelten, die legendären Murchison Falls in ihren Kajaks hinunterstürzten und einige der großen Seen Zentralafrikas und ihre Verbindungsflüsse befuhren. Unter anderem gelang ihnen der »First Descent« der unzugänglichen Ruzizi-Schluchten entlang einer der explosivsten Grenzen Afrikas. Dabei wurden sie gleich doppelt angefeuert: von Ruandern auf der einen und Kongolesen auf der anderen Flussseite. Hendri bloggt von unterwegs:

»Ich habe das Leben für einige Sekunden in seiner reinsten Form eingeatmet, und alles, was ich will, ist mehr davon.« Hendri Coetzee, 22. Oktober, 2010

»Hendri liebte Zentralafrika mit seiner wilden Natur, seiner kulturellen Vielfalt und den Menschen, die in ihrem Leben so unfassbar viel durchgemacht haben und trotz allem noch immer so voller Hoffnung sind. Er

S. 144 oben Auf dem Ruzizi-Grenzfluss zwischen Kongo und Ruanda werden die Kajaker von Einheimischen auf beiden Flussseiten angefeuert. Unten Ben Stookesberry in der Murchison Falls Section des Nils (Uganda).

DEMOKRATISCHE REPUBLIK KONGO

Die Demokratische Republik Kongo liegt in Zentralafrika und zählt durch jahrelange Kriege zu den ärmsten und politisch instabilsten Regionen der Welt. Hier befindet sich auch das Einzugsgebiet des Kongos. Er ist nach dem Nil der zweitlängste Strom in Afrika.

Hendri Coetzee meditiert während der Überfahrt auf dem Tanganyika-See. **S. 148/149** Bestattungszeremonie für Hendri am Weißen Nil.

liebte es ebenso, wie er das Kajaken selbst liebte«, erzählt Chris. »Wir haben viel von ihm über die Region gelernt und noch mehr über das Leben an sich. Seine Philosophie war simpel, aber tiefgründig: Jeden Moment in der Gegenwart zu leben und stets im Hier und Jetzt präsent zu sein.«

In der siebten Woche der Expedition, nach unzähligen gemeinsamen Paddelkilometern und Stromschnellen, geschieht dann schließlich das Unfassbare. Ausgerechnet auf dem Lukuga-River, dem Höhepunkt des gesamten Trips, wird Hendri plötzlich von einem Krokodil angegriffen. Sein Boot kentert. Chris und Ben können nichts mehr für ihn tun.

»Natürlich stellt man sich nach einem solchen Unfall die Frage, warum es für uns so wichtig ist, Abenteuer zu erleben, Menschen in entfernten Regionen kennenzulernen und neue Orte zu entdecken, und warum man sich dafür einem derartigen Risiko aussetzt. Für mich persönlich ist das ein ewiger Kampf und eine Frage, die wohl mit Worten nicht zu beantworten ist«, meint Chris.

Am Tag von Hendris Gedenkfeier versammeln sich unzählige Menschen am Nil, Menschen aus 15 verschiedenen Ländern – Hunderte von ihnen leben am Nilufer. Auch Chris zieht es seither immer wieder hierher. Hendris Freunde sind mittlerweile seine eigenen geworden. »Ich liebe Afrika und konzentriere mich seit Hendris Tod viel stärker auf die positiven Momente im Leben. Ich versuche die Dinge um mich herum so zu sehen, wie Hendri sie wohl gesehen hätte. Natürlich ist das nicht wirklich möglich, aber irgendwie stelle ich es mir gerne vor.«

»Ich sage nicht, dass es mich freut, zu wissen, dass ich sterben könnte. Das tut es nicht. Aber es lässt einen sein Leben neu bewerten. Und es macht es einem enorm schwer, nicht das bestmögliche Leben zu leben – wenn man weiß, dass man vielleicht nicht ewig lebt.« Hendri Coetzee 2010 im Film Kadoma.

DIE ROUTE

Die »Great Lakes Kayaking Expedition« startete am 19. Oktober 2010 in Jinja (Uganda) am Austritt des Weißen Nils aus dem Victoriasee. Sie endete am 7. Dezember 2010 auf dem Lukuga (Demokratische Republik Kongo) mit Hendris Tod. Ursprünglich wollten die Kajaker den kompletten Lukuga bis in den Oberlauf des Kongos hineinpaddeln. Damit wäre Hendri Coetzees Traum von seiner kompletten Kongo-Befahrung wahr geworden.

DER LEUCHTENDE PFAD
MEXIKO

Der Weg zur Erkenntnis führt für **Alex Honnold** stets nach oben, am liebsten ohne Seil und Sicherung. Für ihn ist Free Solo die reinste Form des Kletterns, bei der man das Risiko nicht mit den Konsequenzen verwechseln darf.

Alex Honnold gehört zu den bekanntesten Free-Solo-Kletterern der Welt. 1985 in Kalifornien geboren, begann er im Alter von elf Jahren mit dem Klettern. Sein Ingenieurstudium brach er ab, um sich ganz seinem Sport widmen zu können. Alex lebt die meiste Zeit in seinem Van und klettert am liebsten im Yosemite Valley.

183
METER
Länge der Route

15
SEILLÄNGEN
bis zum Ziel

4
TAGE
Vorbereitung

3
STUNDEN
Kletterzeit

1.
FREE SOLO
am »Sendero Luminoso«

14. Januar 2014. Ich hänge an der Felswand, nur an einem kleinen Sandsteinvorsprung über meinem Kopf. Die Luft ist ruhig, etwas feucht. Ich vertraue darauf, dass mein linker Fuß nicht abrutscht, ziehe meinen rechten fast bis zur Hüfte hoch und strecke dann meine linke Hand zu einem entfernten Griff aus. Unter mir liegen 600 Fuß glattes Gestein, darunter der mexikanische Dschungel und in der Ferne die Stadt Hidalgo. Hier oben, weit weg von den Hupen und ratternden Dieselmotoren, bin ich allein und fokussiert. Ich fasse den Felsvorsprung, verlagere mein Gewicht auf die linke Seite und ziehe mich zu einem Absatz hoch. Endlich wieder in einfacherem Terrain. Ich habe die Schlüsselstelle der fünften Seillänge geschafft. Es war keinesfalls der schwierigste Teil der Route, und dennoch ist mir die Schlichtheit dieses Moments in Erinnerung geblieben. Das ist die Essenz des Free-Solo-Kletterns, wenn man fast losgelöst von der Wand und nur von Luft umgeben ist: Bewegung in ihrer reinsten Form, die es nur ohne Seil und Sicherung geben kann.

Ob ich willens bin, eine Big Wall *free solo* zu klettern, hängt von der richtigen Route ab. Ich suche die vollendete Kombination aus Herausforderung und Ästhetik und finde all das perfekt vereint im »Sendero Luminoso«: anspruchsvolles Klettern, das meine ganze Konzentration erfordert und eine perfekte Linie zum höchsten Punkt des zerklüfteten Sandsteingrats in Potrero Chico. Schon vor fünf Jahren habe ich davon geträumt, die Route *free solo* zu klettern. In diesem Winter bin ich mit meinem Freund Cedar Wright zurückgekehrt, um die Route auszuputzen und die Kletterzüge zu üben. Dadurch ist alles, was für mich die Reinheit und Schönheit des Free-Solo-Kletterns repräsentiert, dahin. Ich komme mit einem Partner, befestige Seile und reiße Pflanzen aus der Wand heraus. Noch dazu ist eine Filmcrew unterwegs. Und all das für eine erhabene Drei-Stunden-Erfahrung? Cedar und ich arbeiten vier Tage von Sonnenauf- bis Sonnenuntergang, bis wir die Linie endlich sehen können. »Gott lächelt jedes Mal, wenn du eine Lechuguilla herausreißt«, hat mir Jeff Jackson, einer der Erstbesteiger der Route, in einer E-Mail geschrieben. Wir wissen, dass die Pflanzen schnell wieder nachwachsen und die Wand erneut in einen hängenden Garten verwandeln werden. Ich mache mir daher wenig Sorgen um ihr nachhaltiges Ökosystem. Mich beschleicht nur das flaue Gefühl, dass man nicht so viel Arbeit in etwas hineinstecken sollte, das in seinem Kern eigentlich ganz einfach ist. Doch als wir uns am vierten Tag abseilen, ist es plötzlich so weit: Etwas in meinem Kopf hat Klick gemacht. Der Gedanke »Vielleicht...« verblasst und

IMMER DABEI: HANDY

Die meiste Zeit des Jahres lebt Alex Honnold in seinem Van. Auf sein Mobiltelefon möchte er *on the road* trotzdem nicht verzichten. Kommunikation mit der Welt ist ihm extrem wichtig. Aber drei Wochen ohne heiße Dusche – das geht, wenn es sein muss.

»Das Risiko und die Konsequenzen: Diese beiden Dinge sollte man nicht verwechseln.«
Alex Honnold

ein anderer drängte sich nach vorn: »Free Solo, jetzt!« Was diesen Sinneswandel bewirkt, weiß ich nicht. Es kann sein, dass die Wand ohne Dreck und Pflanzen einfach einladender aussieht. Komplett sauber, nur hier und da einige Spuren von *chalk*. Ich habe einen Blick auf die elegante Linie geworfen, die man einfach versuchen muss, auf einen »leuchtenden Pfad«, genau wie der Name der Route es verspricht. Ich weiß, dass ich bereit bin. Gleich am nächsten Tag würde ich klettern – wenn die Bedingungen es erlaubten.

Am 14. Januar mache ich mich auf den Weg. Mein Rucksack ist leicht, doch auf mir lastet die Route, die mich auf den nächsten 180 Höhenmetern foltern würde. Hände und Füße sind noch wund von den letzen vier Tagen, aber als ich mich an den ersten Griffen hochziehe, spüre ich es nicht mehr. Beim Free Solo hören die Schmerzen auf zu existieren. Jeder Vorsprung ist griffig, jedes Fingerloch ein Anker. Wo ich meinen Fuß gestern noch mühsam verklemmt habe, finde ich heute festen Halt. Stück für Stück arbeite ich mich die Wand hinauf, ruhig und präzise. Im zweiten Pitch, 80 Meter über dem Boden, kommt die Schlüsselstelle der Route. Eigentlich hält man sich hier an zwei senkrechten Kanten fest und stützt sich mit den Füßen auf kleinen rutschigen Vorsprüngen ab. Ich habe aber ein Loch entdeckt, perfekt für zwei Finger, das sich etwas sicherer anfühlt. Beim *Chalken* bin ich ein bisschen nervös. Oder aufgeregt. Oder mit geschärften Sinnen aufs Äußerste gespannt. Man kann die Gefühle kaum voneinander trennen, aber es fühlt sich lebendig an. Ich weiß, dass ich an dieser Stelle alles geben muss – und genau das tue ich. Danach bin ich mir sicher, dass ich die Route beenden kann, auch wenn noch 13 Seillängen über mir liegen. Ab da ist das Klettern einfach, mit jedem Schritt fühlen sich meine Füße verlässlicher an. Unter mir leuchtet die Wüste in Orange, im Tal wird es langsam warm, aber meine ganze Aufmerksamkeit gilt der schier endlosen Wand über meinem Kopf.

Ich habe gefunden, wonach ich gesucht habe. Ich bin ein winziger Punkt in einer enormen und ebenso gleichgültigen Big Wall. Aber in diesen zwei Stunden fühle ich Perfektion.

Das Yosemite Valley in Kalifornien ist nach wie vor Alex' Lieblingsklettergebiet. Hier gibt es die imposantesten Big Walls der USA.

MEXIKO / EL POTRERO CHICO

Die Route »El Sendero Luminoso« befindet sich im mexikanischen Klettergebiet El Potrero Chico, etwa drei Kilometer von der Stadt Hidalgo entfernt. Die Gegend ist berühmt für ihre Sandsteinwände und Routen in sämtlichen Schwierigkeitsgraden.

HÖHENLUFT
GROSSBRITANNIEN

Für Freerunner **James Kingston** macht es keinen Unterschied, ob er drei oder 100 Meter über dem Boden baumelt. Ohne Sicherung klettert er auf Kräne, Brücken und Hochhäuser und genießt die Aussicht in schwindelerregender Höhe.

S. 156/157 Kühler Kopf trotz großer Höhe. Auf dem rund 100 Meter hohen Kran in Southampton bekommt James Kingston weder Angst noch einen Adrenalinkick.

»Es ist schwer zu erklären, warum ich gern an Kränen hänge. In gewisser Weise zieht mich die Angst wohl magisch an.« James Kingston spricht ruhig und überlegt, aber auch mit einem leicht fragenden Unterton, so als wäre er sich selbst noch unsicher, ob das wirklich die Antwort auf die Frage ist, die man ihm gerade gestellt hat. Für den 25-Jährigen aus Southampton gehören gefährliche und illegale Klettertouren auf Kräne, Hochhäuser, Türme und Brücken zum Alltag – und sind letztendlich nur eine mentale Herausforderung: »Man muss sich klarmachen, dass es egal ist, ob man drei oder 100 Meter über dem Boden an einer Stange baumelt.« Für die meisten von uns gibt es da einen schwindelerregenden Unterschied, an den sich auch James noch gut erinnern kann: »Früher hatte ich unglaubliche Höhenangst. Ich konnte meine zitternden Knie kaum unter Kontrolle bringen.« Doch er hat gelernt, sich von der Angst nicht ablenken zu lassen. »Man kann diese Gefühle in Sekundenschnelle loswerden. Es kommt nur darauf an, was in deinem Kopf vorgeht.« Große Worte für einen jungen Mann, der so wenig mit Kopfarbeit anfangen konnte, dass er sich mit zwölf Jahren weigerte, weiter in die Schule zu gehen. Über zwei Jahre lang verließ er kaum das Haus, verkroch sich in seinem Zimmer und spielte nächtelang Computerspiele. Bis er 2004 die Sportart Parcour für sich entdeckte. Beim Parcour kommt es darauf an, möglichst effizient und elegant von A nach B zu kommen – beispielsweise über Mauern, Treppen oder andere Hindernisse –, aber nur mit den Fähigkeiten des eigenen Körpers. Eine Offenbarung für den Stubenhocker. Doch schon bald war der Hindernislauf in Bodennähe uninteressant geworden. James wollte hoch hinaus und ließ dabei offenbar auch die Fähigkeit, Angst zu empfinden, am Boden zurück. »Beim Blick in die Tiefe machen sich die meisten in die Hose«, sagt er, »aber wenn ich schon hochklettere, warum sollte ich dann nicht runterschauen?« James ist davon überzeugt, dass Angst eine Option ist und dass sich jeder dafür oder dagegen entscheiden kann, Angst zu haben. Eine gewagte These, die mit Sicherheit nicht allgemeingültig ist, wohl aber auf Situationen zutreffen könnte, bei denen man wie James sein Schicksal selbst in der Hand hat.

Er versteht nicht, warum seine Mutter ihn bittet, seine Lieblingsbeschäftigung aufzugeben, das Hobby, das für ihn schon fast zu einer Art Beruf geworden ist. Er versteht auch nicht, warum ihm seine Kritiker nachrufen: »Nächste Woche fällst du runter!« Er hat doch nichts Falsches

S. 158 Drahtseilakt in der Ukraine: Über wackelige Stahlseile erklimmt James Kingston den einzigen Pylon der »Moskau-Brücke« in Kiew.

James Kingston

wurde 1990 geboren und lebt mit seiner Mutter in Southampton. Mit zwölf Jahren weigerte er sich, weiter in die Schule zu gehen und zog sich immer mehr zurück. 2004 entdeckte er die Sportart Parcour und überwand Schritt für Schritt seine Höhenangst. Durch seine Klettervideos hat er im Internet große Bekanntheit erlangt.

160 HÖHENLUFT

S. 161 Bei einem Besuch in Kiew lernt James den ukrainischen Freerunner Mustang Wanted kennen (oben), der ihm die besten Spots seiner Heimatstadt zeigt.

Alles begann mit einfachen Hindernisläufen in Southampton (unten), dann setzte sich James seine Ziele Stück für Stück höher. Doch wo ist für ihn die Grenze?

getan. Oder vielleicht doch? Sie nennen ihn leichtsinnig, verantwortungslos und verrückt. Aber es scheint so, als sei er diesen Aussagen gegenüber ebenso immun wie gegenüber der Angst vor dem Tod – und der ist sein ständiger Begleiter. Auch andere Extremsportler wie Free-Solo-Kletterer oder Basejumper polarisieren durch ihr Handeln, aber meist gibt es wesentlich weniger Kritiker als Menschen, die ihre Taten bewundern. Bei James ist das anders. Warum? Liegt es daran, dass er den urbanen Raum zu seiner Spielwiese macht? Objektiv gesehen ist es egal, ob man eine Big Wall im Yosemite oder einen 100 Meter hohen Kran ohne jede Sicherung hinaufklettert. Es kommt auf die subjektive Bewertung an.

Doch wie hoch muss ein Kran sein, wie wackelig eine rostige Feuerleiter, damit James Angst spürt? Er hat kein Problem damit, einen Salto auf dem höchsten Brückenpfeiler von Kiew zu machen oder von der ukrainischen Polizei geschnappt zu werden. Aber als ihn der ukrainische Krankletterer Mustang Wanted bittet, sich an seiner Hand über dem Abgrund baumeln zu lassen, zögert James, dem Wunsch nachzugeben. Solange es nur um sein eigenes Risiko geht, ist er Herr der Lage. Verantwortlich für den Tod eines anderen möchte James nicht sein.

HÖHEPUNKTE

Früher verließ James Kingston kaum das Haus, heute reist er um die halbe Welt, um auf Hochhäuser, Brücken, Türme und Kräne zu klettern. Großbritannien, Frankreich, die Ukraine, Dubai, die USA und Deutschland kennt er bereits von oben. Weil er die meisten seiner waghalsigen Ausflüge mit einer kleinen Kamera dokumentiert und die Videos danach ins Internet stellt, können seine Fans den Nervenkitzel spüren, ohne selbst in Gefahr zu sein.

James Kingston war nicht immer schwindelfrei. Er hat sich erst mit der Zeit an den Blick in die Tiefe gewöhnt.

Mittlerweile bewegt er sich oft hart an der Kante: in großer Höhe – und auch am Rande der Legalität.

PASSION
FREIHEIT
ABENTEUER
ANGST
GLÜCK
FLOW

GRENZEN

STILLE

AUSDAUER

VERTRAUEN

FREUNDSCHAFT

RISIKO

REIFEPRÜFUNG
ARGENTINIEN UND PAKISTAN

Der österreichische Extrembergsteiger David Lama hat sich nach dem Ende seiner Wettkampfkarriere dem Alpinismus verschrieben und sucht in Fels und Eis nach neuen Herausforderungen.

S. 166/167 David Lama und Peter Ortner im Biwak mitten in den Icetowers während der ersten freien Begehung des Cerro Torre, Januar 2012.

Mit der ersten freien Begehung des Cerro Torre hat der Österreicher David Lama bereits als 22-Jähriger Alpingeschichte geschrieben. Über drei Jahre lang arbeitete er an diesem ehrgeizigen Freikletterprojekt, für das ihm andere Bergsteiger und Kenner aus der Szene zunächst wenige bis gar keine Chancen eingeräumt hatten. »Vielleicht ist es für die nicht möglich, aber für mich schon«, sagte er umso zuversichtlicher.

Davids Klettertalent war im Alter von sechs Jahren von Himalaja-Legende Peter Habeler entdeckt worden. Kurz darauf begann er als jüngstes Mitglied einer neu entstandenen Klettergruppe in der Halle zu trainieren, verlor das Klettern draußen aber nie aus den Augen. In der Kletterhalle, wo die Erwachsenen die Routen schraubten, waren die Griffe für ihn oft viel zu weit voneinander entfernt.

> »Alpinismus ist nicht nur eine Haltung gegenüber einem Berg, sondern auch eine Haltung gegenüber sich selbst.«
> **David Lama**

Draußen war das anders. David lernte, den Felsen zu lesen und seinen ganz persönlichen Weg durch eine Route zu finden. Jahrelang dominierte er die internationale Kletterszene, trat aber Ende 2010 von den Wettkämpfen zurück. Sein neues Interesse galt weniger dem Sportklettern, wo es darum geht, eine gut gesicherte Route möglichst schnell hinaufzuklettern, sondern alpinen Herausforderungen. »Sportklettern und Bergsteigen sind zwei verschiedene Spielformen. Das Wettkampfklettern hat seine eigenen Regeln und von diesen kommt man auch nicht weg. Im Alpinismus ist es gerade das Schöne, dass man sich seine Aufgaben selber auferlegen und seinem Stil dabei treu bleiben kann.«

Der Cerro Torre in Patagonien an der Südspitze Argentiniens war für ihn ein guter Lehrmeister, um in den Alpinismus hineinzufinden. Auf der ersten Expedition musste er feststellen, dass er etwas zu naiv an die Sache herangegangen war. Das launenhafte Wetter Patagoniens war zermürbend, am Berg gelangte er nur bis zur sogenannten Bolt Traverse,

CERRO TORRE, PATAGONIEN

Der Cerro Torre liegt in Patagonien im Süden Argentiniens. Die 3128 Meter hohe Felsnadel gilt als schönster und zugleich schwierigster Berg der Welt.

MASHERBRUM, PAKISTAN

Der Masherbrum ist 7821 Meter hoch und damit der siebthöchste Gipfel im Karakorum. Er wurde noch nie über die 3500 Meter hohe Nordostwand bestiegen.

Oft versteckt sich der Cerro Torre im Nebel. Das wechselhafte Wetter Patagoniens macht es so schwer, ihn überhaupt zu besteigen. Der direkteste Weg zum Wandfuß beginnt in El Chaltén, dem 1985 gegründeten und damit einem der jüngsten Dörfer Argentiniens.

Mit Peter Ortner hatte David Lama den perfekten Seilpartner für das anspruchsvolle Terrain am Cerro Torre gefunden.

Es geht auch ohne Zelt: David und Peter machen es sich in der Schneehöhle gemütlich. Inzwischen sind sie ein eingespieltes Team.

David Lama wurde 1990 in Innsbruck geboren. Seine Mutter ist Österreicherin, sein Vater nepalesischer Bergführer. 1998 nahm er zum ersten Mal an einem Kletterwettkampf teil. Mit 14 Jahren wurde er Jugendweltmeister, mit 15 jüngster Weltcupsieger und mit 17 der jüngste Doppeleuropameister in der Geschichte des Klettersports. 2010 beendete er seine aktive Wettkampfkarriere. Seitdem sucht er neue Herausforderungen im Alpinismus.

wo das Klettern gerade erst anfängt. Bei seinem zweiten Versuch im Januar 2011 lief es besser. David und sein neuer Seilpartner Peter Ortner erreichten im letzten Abendlicht den Gipfel des Cerro Torre – allerdings nicht im Freikletterstil, sondern technisch. Rückblickend sagt David: »Es war mir völlig egal, ob ich frei hochgestiegen bin oder mich an den Haken hochgezogen habe. Ich habe gemerkt, wie schwer es ist, überhaupt auf den Gipfel zu kommen.«

Als er im Januar 2012 zurückkehrte, um die Route abermals frei zu versuchen, hatten zwei amerikanische Kletterer 125 Bohrhaken aus der Headwall entfernt, die der Erstbesteiger Cesare Maestri dort 1970 in einem kletterethisch zweifelhaften Akt und unter Zuhilfenahme eines Kompressors angebracht hatte. Maestris Tat hatte weltweit für Aufruhr gesorgt: Erst war von einer Vergewaltigung des Berges die Rede, dann herrschte Uneinigkeit darüber, ob die Haken entfernt werden sollten oder ob diese als historisches Relikt zu betrachten seien. Für David, so glaubte jedenfalls die Fachwelt, musste die radikale Entfernung der Haken das unabdingbare Ende seiner Freikletter-Vision darstellen. Die extrem schwierige Headwall nun ohne jeglichen Bohrhaken als Sicherungspunkt klettern zu müssen schien völlig illusionär. Doch David vertraute auf sein Können am Fels und seine Intuition und stieg mit seinem Partner Peter in die Wand ein. Nur durch reversible Klemmgeräte wie Keile und *friends* gesichert, fand er allen Zweiflern zum Trotz als Erster den freien Weg durch die mehr als 1500 Meter Granit und sicherte sich damit einen Meilenstein der Klettergeschichte.

Für ihn wird dieser Berg wohl immer der Berg bleiben, wo er vom Sportkletterer zum Alpinisten geworden ist. Zwar geht David immer noch gerne sportklettern, doch er gibt zu: »Für mich liegt inzwischen der größere Reiz darin, meine eigene Linie in den Fels hineinzuschreiben, als der Route von jemand anderem zu folgen.« Nach insgesamt drei Jahren am Cerro Torre hat er den Kopf wieder frei für das nächste große Projekt. Die Erfahrungen, die er in Patagonien gesammelt hat, dürften ihm auch im Himalaja zugutekommen.

Sein Ziel ist die 3000 Meter hohe Nordostwand des Masherbrum (7821 Meter) im Karakorum, die als unmöglich zu besteigen gilt – ein Projekt von einer ganz anderen Größenordnung. Die Ostwand des Cerro Torre ist 1500 Meter hoch. Würde man sie neben die Nordostwand des Masherbrum stellen, reichte sie ihm gerade einmal bis zur Hälfte. Klettern im Expeditionsstil, also über Lagerketten, ist hier nicht möglich, Freiklettern ebenso wenig:

Den obersten Teil der Headwall des Cerro Torre hat vor David Lama noch kein Kletterer im Freikletterstil bezwungen.

174 REIFEPRÜFUNG

7821
METER HOCH
ist der Masherbrum

2
GESCHEITERTE
Versuche hatte David Lama am Masherbrum

30
JAHRE HER
ist die letzte Besteigung des Berges

42
TAGE
verbrachte das Team im Basecamp

7000
METER
bis zu dieser Höhe wurde am nahelegenen Broad Peak akklimatisiert

Improvisiertes Bad an einem seltenen Sonnentag: David Lama steckte den größten Teil der Masherbrum-Expedition im Basislager fest.

»Am Masherbrum geht es uns ums klassische und gleichzeitig moderne Bergsteigen in einem sauberen und schnellen Alpin-Stil. In dieser Wand möchte man sich nur so lange aufhalten wie unbedingt nötig.« Auch für diese Wand hat er das perfekte Team gefunden, neben Peter Ortner ist auch Hansjörg Auer mit von der Partie. »Wir sind alle drei versierte Alpinisten und können im oberen zehnten Grad klettern. Meine Stärken liegen sicherlich nach wie vor im Felsklettern. Hier kann ich meine Wettkampferfahrung noch immer ausspielen. Peter ist dagegen unschlagbar, wenn man im tiefen Schnee spuren muss. Hansjörg hat mental gesehen die größte Risikobereitschaft. Die beiden sind auch im Eis etwas besser als ich.« In den letzten zwei Jahren sind sie nur ein einziges Mal in die legendäre Wand eingestiegen – dann, als sie sich sicher waren, dass sie eine Chance auf den Gipfel hätten. Für einen bloßen Versuch war David das Risiko zu groß. Zweimal ist das Team nun schon gescheitert. Vielleicht werden noch einige Jahre vergehen, bis die Wand bezwungen werden kann. Und David Lama fragt sich: »Ist unsere Generation überhaupt die richtige, um diesen Berg zu besteigen?« Er fragt sich das mit 25 Jahren.

Über holprige Straßen und später dann zu Fuß geht es tief hinein ins Karakorum. Von Islamabad aus braucht man acht Tage bis zum Masherbrum Basecamp.

Die Nordostwand des Masherbrum wartet noch auf ihre Erstbesteigung. Vielleicht ist dies eine Route für die nächste Klettergeneration?

David Lama benutzte Seile nur zur Sicherung und gelangte ohne technische Kletterei auf den Gipfel des Cerro Torre.

DSCHUNGELFIEBER
MEXIKO

Der Magie des Rio Alseseca mit seinen reißenden Wasserfällen kann kein Kajaker widerstehen. **Tyler Bradt** trotzt Dauerregen und bissigen Moskitos, auch wenn der Trip zum Härtetest für die Crew und das Equipment wird.

DSCHUNGELFIEBER

S. 178/179 Trotz seiner Breite ist »Tomata 1« mit 19 Metern noch einer der kleineren Wasserfälle des Rio Alseseca und wird häufig befahren.

Rechts Immerhin 15 Meter geht es beim »Silencio« in die Tiefe.

Der Morgen taucht den Dschungel in diesiges Licht. Summen und Brummen von allen Seiten. Feuchtigkeit hängt in der Luft. Nach vier Tagen Regen glänzt der Urwald vor Nässe, genauso wie die Augen von Erik Boomer, Tyler Bradt und Galen Volkhausen. Mit geschulterten Kajaks folgen sie dem ausgetretenen Pfad in Richtung Fluss. Was könnte es Besseres geben, als an einem verregneten Tag noch nasser zu werden?

Unter Kajakern ist der Rio Alseseca in Mexiko längst kein Geheimtipp mehr, doch seine Faszination hat er noch immer nicht verloren. Er liegt abgeschieden im Dschungel, ist nur nach mehrstündiger Fahrt über Buckelpisten zu erreichen. Für die meisten Einheimischen, die in den Dörfern ringsum leben und die Bananenplantagen bewirtschaften, ist der Fluss im Wald vor allem eines: wild und gefährlich, mit Booten kaum befahrbar und eigentlich uninteressant. Nicht so für Profi-Kajaker. Zwar lieben sie die Stromschnellen und das schäumende Whitewater des Rio Alseseca, doch im Grunde ist es die höchste Konzentration an befahrbaren Wasserfällen auf der ganzen Welt, die Jahr für Jahr wieder neue Profi-Kajaker in den Urwald locken. Allzu viele sind es ohnehin nicht. In der Szene schätzt man, dass es ungefähr 200 Sportler gibt, die sich auf so einem hohen Niveau bewegen. Für sie alle muss ein ganz besonderer Reiz darin liegen, mit dem Kajak einen Wasserfall hinunterzurauschen: über die Kante zu paddeln, genau die richtige Linie zu erwischen und inmitten tosender Wassermassen in Richtung Boden zu stürzen. Der freie Fall dauert nur wenige Sekunden, doch Kajaker verbringen im Vorfeld Stunden damit, einen Wasserfall genau zu analysieren, um sein Fließverhalten kennenzulernen und exakt den richtigen Punkt an der Abbruchkante zu treffen. Wobei es genauso wichtig ist, unten im richtigen Winkel einzutauchen und sein Paddel rechtzeitig loszulassen, damit der Aufprall auf der Wasseroberfläche so glatt wie

Im freien Fall sind volle Konzentration und absolute Körperbeherrschung gefragt.

»Die einzigen existierenden Grenzen sind diejenigen, die du dir selbst erschaffst.«
Tyler Bradt

möglich verläuft. Dann verschwinden die Kajaks sekundenlang komplett unter der Wasseroberfläche – bevor sie wie Korken wieder auftauchen. Eine athletische Meisterleistung, dynamisch und von großer Ästhetik.

»Ein kalkulierbares Risiko.« So sieht es Tyler Bradt, der 2009 an den 56 Meter hohen Palouse Falls in Washington einen Weltrekord aufgestellt hat. Ihm ist bewusst, was alles schiefgehen kann. Nicht jedes seiner Flussabenteuer – und er hat mit seinem Kajak schon viele wilde Flüsse in aller Welt bereist – ist glimpflich verlaufen. Aber auch ein gebrochener Rückenwirbel, der ihn 2011 drei Monate außer Gefecht setzte, konnte ihn nicht davon abhalten, wieder ins Kajak zu steigen: »Ich würde lieber mein Leben riskieren, als zu riskieren, nicht zu leben«, sagte er einmal in einem Interview. »Die einzigen existierenden Grenzen sind diejenigen, die du dir selbst erschaffst.«

»Big Banana« im mexikanischen Dschungel ist mit seinen knapp 40 Metern der zweithöchste Wasserfall, der jemals befahren wurde. Doch Chancen auf einen neuen Rekord haben sich die Kajaker hier ohnehin nicht ausgerechnet. Einmal angekommen, geht es ihnen viel mehr darum, das Dschungelabenteuer möglichst heil zu überstehen. Der einwöchige Trip ist eine Idee von Erik Boomer, dem es gelingt, innerhalb weniger Tage zwei der weltbesten Kajaker und einige befreundete Filmemacher zu überreden, ihm in den Dschungel zu folgen. Nach dem überstürzten Aufbruch stellt sich schnell heraus, dass es keine gute Idee gewesen ist, trotz tropischer Temperaturen in Shorts und Flipflops anzureisen. Die Insektenpopulation scheint nur darauf gewartet zu haben, den bleichen Eindringlingen einen schmerzhaften Willkommensgruß zu bereiten. Ihre juckende Füße sind für sie schon bald realer als sämtliche Knochenbrüche, die man sich beim extremen Kajaken zuziehen kann. Die Mexikaner aus der Umgebung betrachten sie mit ungläubigen Augen. Im Gegensatz zu den Besuchern sehen die Einheimischen trotz Dauerregen nie nass und schmutzig aus. Der ständige Regen drückt zwar die Stimmung im Team, aber wenn es darum geht, einen 40 Meter hohen Wasserfall hinunterzufahren, dann machen ein paar Tropfen Wasser von oben auch keinen Unterschied mehr. Und überhaupt: Bekommen wilde Orte nicht erst dadurch ihren Reiz, dass man sich außerhalb seiner Komfortzone bewegt? Soviel steht fest: Der menschliche Körper ist gegenüber Dauerregen deutlich widerstandsfähiger, als sämtliche Foto- und Videokameras zusammen.

S. 182/183 Um Tyler Bradt aus dieser Perspektive zu fotografieren, hing Tim Kemple an einem Sicherungsseil nur wenige Meter vom tosenden »Tomata 1« entfernt.

MEXIKO

Tlapacoyan im mexikanischen Bundesstaat Veracruz ist der perfekte Ausgangspunkt für eine Kajakexpedition in den mexikanischen Dschungel, vor allem im Herbst, wenn starke Regenfälle die Flüsse anschwellen lassen, die nach zahlreichen Wasserfällen schließlich in die Karibik münden.

GIPFEL
DER GEFÜHLE
PAKISTAN

Als die Südtiroler Bergsteigerin **Tamara Lunger** den 8611 Meter hohen K2 im Jahr 2012 zum ersten Mal aus der Nähe betrachtete, konnte sie sich nicht vorstellen, diesen Berg jemals zu besteigen. Doch dann kam alles anders als gedacht.

Tamara Lunger

wurde 1986 in Südtirol geboren. Nachdem sie klassische Sportarten ausprobiert hatte, begann sie 2002 mit dem Skitourengehen und nahm an vielen Wettkämpfen teil. Mittlerweile sucht sie ihre Herausforderungen als Bergsteigerin im hochalpinen Gelände.

S. 184/185 Von der Flanke des K2 in 7700 Metern Höhe blickt man direkt auf den Broad Peak. Weiter hinten liegt der Concordiaplatz, wo der Baltoro- und der Godwin-Austen-Gletscher zusammenfließen.

»Ich denke nicht, dass ich mal auf diesen Koloss steigen werde. Ich glaube, der ist mir eine Nummer zu groß.« Das schoss Tamara Lunger durch den Kopf, als sie den K2 zum ersten Mal vor sich sah. Damals, 2012, stand sie auf dem Concordiaplatz im Karakorum. Sie hatte den Mustagh Ata (7509 Meter) bestiegen und bereitete sich auf den Broad Peak (8051 Meter) vor. Doch das 8611 Meter hohe Massiv des K2 löste ein beklemmendes Gefühl in ihr aus. 2010 hatte sie als jüngste Frau den Lhotse (8516 Meter) bezwungen. Doch obwohl der K2 nur knapp 95 Meter höher ist, spürte sie, dass sie mit 26 Jahren für diesen Berg noch nicht bereit war.

Der K2 gilt als der gefährlichste unter den Achttausendern. Über 80 Bergsteiger ließen hier bereits ihr Leben. Viele stürzten im Bottleneck, einem eisigen Engpass in 8200 Metern Höhe, oder auf der Traverse.

»Zehn Tage hast du noch Zeit, um dich für den K2 entscheiden.« Als Tamara im Frühjahr 2014 diese SMS von Giuseppe Pompili erhielt, war gerade die Beziehung zu ihrem Freund zerbrochen und sie an einem persönlichen Tiefpunkt angelangt. Der K2 kam ihr gerade recht. Sie brauchte eine Aufgabe, die ihre volle Aufmerksamkeit erfordern würde, und so machte sie sich gemeinsam mit Nikolaus Gruber aus dem Ultental auf den Weg nach Pakistan: ein Weg mit Hindernissen, vor allem bevor es richtig losging.

Zwar waren die beiden eine unabhängige Expedition, sie teilten sich aber das Permit für den Berg mit einer internationalen Gruppe. Erst nachdem sie tagelang vergeblich auf die anderen Bergsteiger gewartet hatten, gestattete ihnen das Militär, allein zum Basislager zu wandern. Doch während des Trekkings begann Tamaras Achillessehne empfindlich zu schmerzen, dann schälte sich ihr Gesicht tagelang nach einem starken Sonnenbrand und von der Anstrengung bildeten sich juckende Wasserbläschen zwischen Fingern und Zehen. Es verging fast ein Monat, bis sämtliche Schmerzen nachließen.

Im Basislager am Concordiaplatz dauerte es nicht lange, bis Tamara auf die sterblichen Überreste abgestürzter Bergsteiger stieß: Körper, die der Gletscher an seinem Fuße wieder ausgespuckt hatte, zum Teil im Zustand der Verwesung, auch Knochen lagen herum. Doch dieser Anblick brachte Tamara nicht mehr an psychische Grenzen wie noch vor vier Jahren, als sie am Lhotse zum ersten Mal einen toten Bergsteiger gesehen und am Cho Oyu bei der Bergung des Italieners Walter

Unterhalb von Lager 4 auf etwa 7850 Meter führt ein gut gespurter Weg in Richtung Gipfel. Esel und Maultiere bringen die Ausrüstung ins Basislager.

Oben Tamara auf 8200 Meter beim Abstieg vom Gipfel. **Unten** Seilpartner Klaus Gruber schmilzt Wasser in Lager 1 auf 6000 Meter.

Oben Bill's Chimney ist wohl der anspruchsvollste Abschnitt auf der Abruzzi-Route. **Unten** Basislager bei Nacht auf 5200 Meter.

190 GIPFEL DER GEFÜHLE

Kurze Verschnaufpause auf 7650 Meter: Tamara Lunger und Klaus Gruber konnten am K2 das perfekte Wetterfenster abpassen.

S. 192/193 Blick auf den Payu Peak und den Uli Biaho Tower. Das Bild entstand während eines Trekking-Zwischenstopps auf dem Rastplatz Urdukas am Südrand des Baltoro-Gletschers.

Nones geholfen hatte. Sie hatte sich von ihren Ängsten befreit: »Das lass seine Lebensgeschichte sein, aber du gehst da rauf – und wieder runter!« Sie würde hier nicht sterben, nicht am K2.

Klaus und Tamara errichteten ihr Lager 1 auf 6000 Meter, trotz Steinschlaggefahr, starkem Wind und wenig Platz. In den nächsten Tagen stiegen sie zur Akklimatisierung immer wieder auf und ab: erst über felsige Abschnitte, senkrechte Wände ins Lager 2 (6700 Meter), dann zurück ins Basislager. Wie schon bei früheren Expeditionen, wollte Tamara den K2 ohne zusätzlichen Sauerstoff und ohne Träger schaffen.

Am Lager 3 (7300 Meter) war der Wind eisig, die Temperaturen kaum auszuhalten. Schon nach einer Nacht entschieden sich Tamara und Klaus zum Abstieg. Es hatte keinen Sinn, länger in der Kälte auszuharren. Einige Tage mussten sie im Basislager auf das nächste Gut-Wetter-Fenster warten, doch am 23. Juli um 4 Uhr früh konnten sie endlich den Gipfelversuch starten. Ihr schwerer Rucksack, der sich erst ab Lager 3 merklich leerte, zwang Tamara immer wieder in die Knie. Sie war erschöpft und ausgelaugt.

Das Lager 4 lag 700 Meter unterhalb des Gipfels. Er war fast greifbar. »Freude, Glück, Respekt, Angst – ich befand mich in einem Gefühlschaos.« In der Nacht vor dem letzten Aufstieg tat Tamara kein Auge zu. 20 Minuten nach Mitternacht brach sie gemeinsam mit Klaus auf. Obwohl die anderen Bergsteiger lange vor ihnen gestartet waren, holten die beiden sie ein. In der großen Gruppe ging es kaum noch vorwärts. Als das Gelände es endlich zuließ, konnte Tamara die langsameren Bergsteiger überholen, etwa 300 Meter unterhalb des Gipfels. »Nicht stehenbleiben«, sagte sie sich immer wieder, sie ließ Klaus weiter zurück. Das Ziel war so nah, dass sie sich keine Pause gönnte – auch aus Angst, im Sitzen einfach einzuschlafen. Sie erreichte den Gipfel um 15 Uhr des 26. Juli und genoss einen unglaublichen Moment Glücksgefühl. Zum ersten Mal seit Langem war sie wieder bei sich selbst angekommen.

Der K2 liegt im Karakorum auf der Grenze zwischen Pakistan und China, im pakistanischen Sondergebiet Gilgit-Baltistan. Weil mehr als die Hälfte der Gebirgsfläche über 5000 Meter liegt, wird das Karakorum als das höchste Gebirge der Welt bezeichnet.

Der Alpinist, der zum Radfahrer wurde: Einen Sommer lang ist **Kyle Dempster** mit einem klapprigen Drahtesel durchs kirgisische Hinterland gefahren – auf der Suche nach hohen Bergen und innerer Ruhe.

STRASSE NACH KARAKOL
KIRGISISTAN

Es ist schwierig, Schmerz, Leiden und Tod derer zu ertragen, die man liebt. Der Frühling 2011 war hart für mich. Zuerst starb mein Freund Garret bei einem Lawinenabgang. Drei Tage später nahm sich Mitch das Leben, ein sehr guter Freund, der seine Depressionen nicht länger ertragen konnte. Dann hatte meine Freundin einen Unfall beim Skitourengehen und auch in unserem Coffee House in Salt Lake City lief es chaotisch. Vielleicht war es egoistisch, für drei Monate nach Asien zu verschwinden. Doch für mich war es Zeit für eine Veränderung. Ich brauchte Luft. Der Plan war einfach: Ich wollte mit meinem Fahrrad von Bischkek zu einer sechswöchigen Reise durch Kirgisistan aufbrechen. Allein. Um die Gegend zu erkunden und natürlich um zu klettern. Danach sollte es weitergehen nach China und Pakistan, zu den mächtigen Gipfeln des Karakorums. Das Abenteuer war zum Greifen nah und die Vorfreude zerrte an meinem Herzen. Geographisch gesehen sind sich Kirgisistan und Utah sehr ähnlich. Hier wie dort gab es einst große Wasserflächen, die nach dem Austrocknen breite Wüstenstriche hinterlassen haben. Die noch verbliebenen Seen haben einen hohen Salzgehalt und taugen immer für ein erfrischendes Bad. Auch die Berge und die Kiefernwälder erinnern mich an meine Heimat. So wird die Reise durch das fremde Land zu einer Fahrt zurück nach Hause, in eine stabilere Zukunft mit weniger emotionalem Ballast.

Die Straßenschilder in Bischkek, die ich nicht entziffern kann, sind ein Vorzeichen für den Weg ins Ungewisse, der vor mir liegt: sowohl für meine äußere als auch die innere Reise. Ich lenke mein Rad zu den fernen Bergen am Horizont, immer auf der Suche nach Gipfeln, die es sich zu erklimmen lohnt. Nach zwei Tagen im Karakol-Tal wird der Weg zu steil und zu steinig zum Radfahren. So kette ich das Rad an einen Baum und gehe zu Fuß zum 5169 Meter hohen Djigit. An der Nordseite des Berges finde ich eine 500 Meter lange neue Route zum Gipfel, die ich solo klettere. Dann kehre ich zu meinem Rad zurück, um noch entlegenere Teile des Landes zu erkunden. Verzaubert von einer Felswand in der Ferne, nähere ich mich dem Tal, das im Schatten des schroffen Gipfels liegt. Dort begegne ich einigen kirgisischen

S.194/195 Mehrere Wochen lang fuhr Kyle Dempster alleine durch das kirgisische Niemandsland. Seine Freunde zu Hause waren trotzdem immer dabei: in seinem Kopf.

S.197 Für die kirgisische Nomadenfamilie ist Kyle Dempster ein willkommener Gast. Doch solche Zusammentreffen sind selten. Manchmal sieht der Abenteurer sieben Tage lang keine Menschenseele und muss die atemberaubende Landschaft der »Schweiz Zentralasiens« allein genießen.

KIRGISISTAN

Mit etwa 5,5 Millionen Einwohnern auf ungefähr 200 000 Quadratkilometern ist Kirgisistan ein äußerst dünn besiedelter Binnenstaat im Tienschan-Gebirge. Schroffe Berge und weitläufige Steppen dominieren das Landschaftsbild. Wälder gibt es fast keine. Abseits der großen Städte leben die Kirgisen zum Teil noch immer in Jurten, ihren traditionellen Behausungen.

S. 198 Der Zustand der kirgisischen Infrastruktur lässt Kyle Dempster oft keine andere Möglichkeit, als zu improvisieren. Dabei kann er froh sein, wenn überhaupt noch Brücken vorhanden sind. Mehrere Male muss er den reißenden Fluß im Uch-Kul-Tal mit Sack und Pack durchqueren – lebensgefährlich.

IMMER DABEI: TASCHENBUCH UND KAFFEE

Als Kaffeehausbesitzer möchte Kyle Dempster auch unterwegs nicht auf eine gute Tasse Kaffee verzichten. Am liebsten genießt er sie bei einem guten Buch, das kann man offline lesen: zum Beispiel *Jenseits von Eden* von John Steinbeck.

Nomaden. Als ich mit meinem Rad ihre Jurten passiere, bellen die Hunde und ein Mann mittleren Alters schlägt den Eingangsvorhang seiner Behausung zurück und lädt mich nach kurzer Verwirrung mit einem breiten Grinsen ein, sein Gast zu sein. Die Familie hat sich im Kreis versammelt, ihre Hände geschwärzt von der harten Arbeit des Sommers. Es gibt frisches Brot und andere Gerichte. Ich sitze mit meinen Bike-Shorts zwischen den Nomaden und zeige ihnen Bilder von meiner Familie. Gerne hätte ich mehr über ihr Leben, ihr Land und ihre Träume erfahren. Sie haben bestimmt auch Fragen an mich. Ein Junge setzt sich meinen Helm auf den Kopf und wir alle lachen. Das Gefühl der Gemeinschaft kann jede Sprachbarriere überwinden.

Ich fahre weiter auf unbekannten Straßen, deren Verlauf immer unkenntlicher wird. Entlang des Wegs stoße ich auf verlassene Dörfer, vom Hochwasser zerstörte Brücken, Tierskelette und Gräber. Die Natur heilt die Narben der Zivilisation. Die Straße verschwindet und auch ich verliere mich zwischen Bäumen, Felsen und Vögeln. Einige Male muss ich den Fluss im Uch-Kul-Tal überqueren. Mithilfe eines Seils, das ich zwischen zwei Felsen befestige, bringe ich ein Gepäckstück nach dem anderen durch den reißenden Strom. Das andere Ufer zu erreichen, erfordert jedes Mal meine volle Konzentration – und den unbedingten Wunsch zu überleben. Aus Hunderten von Kilometern werden Tausende. Sechs Wochen auf dem Rad haben ihre Spuren hinterlassen. Und dennoch spüre ich meine müden Muskeln immer noch weniger als den Schmerz über den Verlust meiner Freunde.

Kyle Dempster

wurde 1983 in Utah geboren und hat bereits zweimal den renommierten »Piolet d'or« für seine alpinen Leistungen erhalten. Obwohl er bereits mehrere Expeditionen in alle Welt unternommen hat, klettert er am liebsten zu Hause im Zion National Park. Seit 2009 besitzt er gemeinsam mit einem Freund das Higher Ground Coffee House in Salt Lake City.

Ein Land voller Gegensätze: Die Nomaden brennen ihren Schnaps selbst. Das Militär ist stets präsent, aber nicht immer hellwach.

Pferde sind in Kirgisistan oft zuverlässiger als Autos. Einen solchen Helm hatte dieser kleine Bergsteiger wohl noch nie auf dem Kopf.

STRASSE NACH KARAKOL

Es ist der erste Sommer, in dem ich auf einem Rad unterwegs bin, um zu klettern. Ein Abenteuer, das anders ist als alles, was ich bisher erlebt habe. Eine einfache und einzigartige Weise, das Land zu erkunden. Aus mir wird ein aufgeschlossener Tourist, der völlig fremden Menschen Fotos von Freundin und Familie zeigt, freundlich begrüßt wird und das Lächeln erwidert. Meine Entscheidung, den Sommer in einem fremden Land zu verbringen und sich mit einem Rad auf die Suche nach Bergen zu machen, war genau das Richtige gewesen. Meine Seele hat Trost gefunden. Manchmal muss man alles Bekannte einfach einmal hinter sich lassen. Sich ausklinken und etwas vollkommen Neues erkunden. Pack einen kleinen Koffer, öffne dein Herz für das Unbekannte und tauche ein ins Abenteuer. Aus dieser neuen Perspektive wird die Welt überwältigender aussehen und du wirst mit neuem Elan nach Hause zurückkehren.

S. 203 Die großen Gletscher auf den Bergen Kirgisistans versorgen die Steppe konstant mit Wasser. Doch durch die globale Erwärmung ist diese natürliche Wasserregulierung in Gefahr.

DIE ROUTE

Kyle Dempster folgte auf seiner Reise quer durch Kirgisistan keiner vorgezeichneten Route. Er war auf der Suche nach Bergen, die er besteigen konnte: Ziele, die nicht unbedingt gut ausgeschildert waren. Vom Flughafen Manas in der Nähe der Hauptstadt Bischkek fuhr er entlang dem Yssykköl, dem größten See des Landes, in Richtung der kasachischen Grenze und dann wieder zurück ins Landesinnere, wobei er mehrfach Flüsse ohne Brücken überqueren musste. In der Karte sind nur die wichtigsten eingezeichnet.

GRATWANDERUNG INDIEN

Im indischen Teil des Himalaja wollen Conrad Anker, Jimmy Chin und Renan Ozturk den Mount Meru über eine bislang unbezwungene Route in 6000 Metern Höhe besteigen. Doch Shark's Fin, die schier unüberwindliche Nordwestwand des Berges, verwehrt ihnen beim ersten Versuch den Gipfelsieg. Nach einem dramatischen Unfall starten sie einen zweiten Anlauf.

S. 206/207 In 6000 Metern Höhe wird die Luft dünn. Conrad Anker kämpft sich in Richtung Gipfel des Mount Meru.

Manchmal stellt sich die Frage, wie viel Besessenheit guttut. Ob es nicht besser wäre, einfach umzukehren und nach Hause in die USA zu fahren, anstatt sich an einer 900 Meter hohen Granitwand die Zähne auszubeißen – oder die Zehen abzufrieren, wonach es im Moment eher aussieht. Conrad Anker, Jimmy Chin und Renan Ozturk hängen fest, in einem *Portaledge*, einem kleinen Schutzzelt, das sie in der senkrechten Felswand befestigt haben, um die seit vier Tagen ein eisiger Schneesturm tobt. Sie befinden sich auf etwa 6000 Metern Höhe, im unteren Drittel der Shark's Fin, der Nordwestwand des Mount Meru im indischen Teil des Himalaja, über die bislang noch niemand den Gipfel des Berges erreicht hat. Auch für die Seilschaft um Conrad Anker sind die Aussichten eher trostlos. »Wir hatten Vorräte für sieben Tage und 90 Prozent des Berges lagen noch über uns«, erinnert sich Renan Ozturk an die Expedition im Jahr 2008. Der Neuling im Team zweifelt nicht daran, dass sie umkehren würden, sobald der Sturm abgeflaut ist. Doch nachdem Conrad einen Blick auf die vereiste Wand geworfen hat und ohne mit der Wimper zu zucken die nächste Seillänge in Angriff nimmt, begreift er: Hier weht ein anderer Wind. »Das war eine wichtige Lektion für mich. Conrad und Jimmy zu vertrauen und meine Grenzen so weit auszureizen wie niemals zuvor.« Auch ohne Zweifel und Unsicherheit sind das Klettern an der technisch anspruchsvollen Big Wall und Temperaturen von minus 31 Grad nur schwer zu ertragen. Selbst Jimmy Chin, der unverbesserliche Optimist der Expedition, ist frustriert, als sie in Sichtweite des Gipfels umkehren müssen: »Du merkst es, wenn du die Kontrolle verlierst. Wären wir weitergegangen, hätten wir über den Rückweg wohl nicht einmal mehr nachdenken können.« Die Frostbeulen an seinen Füßen sind ihm Andenken genug. Zurück will er nicht. »Ehrlich gesagt, wir alle hofften, dass es jemand anderes schaffen würde.« Doch auch das Team um den Slowenen Silvo Karo scheitert ein Jahr später erneut. Jimmy und Renan fällt es leicht, das missglückte Himalaja-Abenteuer abzuhaken. Doch für Conrad ist es keine gewöhnliche Expedition. Er will den Lebenstraum seines Mentors Terrance »Mugs« Stump zu Ende bringen, der ihm von dieser Route erzählt hat und nach zwei erfolglosen Versuchen an der Shark's Fin 1992 am Denali ums Leben kam. Seit 23 Jahren geistert »Mugs Meru« in seinem Kopf herum, zu lange, um das Projekt einfach zu begraben. 2011 möchte er es mit dem gleichen Team doch noch einmal versuchen. Jimmy

S. 209 Weiter geht's zum Zentrum des Universums: Nach vier Tagen im Schneesturm können Conrad Anker, Jimmy Chin und Renan Ozturk endlich wieder klettern.

THE SHARK'S FIN / MOUNT MERU

Die Shark's Fin ist eine 914 Meter hohe Felsnadel am Mount Meru in Nordindien. Kein gewöhnlicher Sechstausender: Im hinduistischen und buddhistischen Glauben markiert der Mount Meru das Zentrum des Universums.

S. 210 Der Aufstieg hat sich gelohnt. Jimmy Chin kann das Wolkenmeer aus der Nähe des Gipfels betrachten, woran er vor drei Jahren nicht mehr geglaubt hat.

und Renan willigen ein. Doch ein halbes Jahr bevor sie aufbrechen wollen, steht das ganze Projekt schon wieder auf Messers Schneide. Ein Skiunfall setzt Renan für Monate außer Gefecht. Seine Kopfverletzung ist ernst, und wäre Jimmy nicht unmittelbar nach dem Unfall vor Ort gewesen, hätte Renan das vermutlich das Leben gekostet. Jetzt ist er wochenlang ans Bett gefesselt – doch in Gedanken schon fast auf dem Gipfel des Meru. Es scheint, als wäre er der gleichen Obsession erlegen, die er vor drei Jahren noch bei Conrad und Jimmy so bewundert hat: der unbedingte Wille, die Shark's Fin zu durchsteigen, um fast jeden Preis. Die Aussicht, mit dem gleichen Team einen zweiten Versuch zu wagen, ist für ihn die größte Motivation, das Krankenhaus schnell zu verlassen. Seine Freunde sind hin- und hergerissen zwischen Zweifel und Vertrauen: »Ich hätte nie gedacht, dass er rechtzeitig wieder fit sein würde«, sagt Jimmy. »Viele Leute fanden es geradezu lächerlich, dass er mit zum Meru wollte. Wir haben ihn nicht unter Druck gesetzt. Aber er ließ sich nicht davon abbringen und wir hielten es für das Beste, ihn nicht zu entmutigen. Der Meru war so gut wie jedes andere Ziel und Renan brauchte eines, um schnell wieder gesund zu werden.« Renan schafft, was keiner für möglich gehalten hatte. Er beginnt einige Wochen nach dem Unfall wieder zu trainieren und tritt im September 2011, entgegen der Empfehlung seiner Freunde und Ärzte, mit Jimmy und Conrad die Reise nach Indien an. »Wir wollten die Shark's Fin gemeinsam besteigen. Das war mir das Risiko wert. Ich hätte dort oben leicht sterben können. Aber ich wollte es wenigstens versuchen.«

Nach der ersten kräftezehrenden, 19-stündigen Etappe liegt die Stimmung im Portaledge schon am Boden. Renan kann nicht mehr richtig sprechen. Hatte er einen Schlaganfall? Sie wissen es nicht. Doch als er am nächsten Morgen ungefragt vorausklettert, bleibt Jimmy und Conrad nichts anderes übrig als ihm zu folgen. »Das Klettern nach dieser Nacht fühlte sich gut an«, sagt Renan im Nachhinein. »Es war für mich der Durchbruch. Noch immer wusste ich nicht, ob wir es dieses Mal schaffen würden, aber ich war wenigstens nicht mehr das schwächste Glied in der Kette.« Seine Sorge ist berechtigt, bestätigt sich aber nicht. Am 2. Oktober 2011 erreichen sie gemeinsam den Gipfel des Mount Meru.

S. 212/213 In der Nacht vor der Besteigung des Mount Meru betrachtet Renan Ozturk vom Basecamp aus den Sternenhimmel.

Nach der erfolgreichen Besteigung ist im Basecamp Partystimmung angesagt.

PASSION
FREIHEIT
ABENTEUER
ANGST
GLÜCK
FLOW

GRENZEN

STILLE

AUSDAUER

VERTRAUEN

FREUNDSCHAFT

RISIKO

DIE MENSCHEN HINTER DER KAMERA

Es ist eine Kunst, im richtigen Moment auf den Auslöser zu drücken und die intensiven Momente festzuhalten, die den Abenteurern in unserem Bildband so wichtig sind, dass sie dafür manchmal sogar ihr Leben riskieren. Nicht jeder Fotograf und Filmemacher ist dazu in der Lage. Nicht, weil ihm dazu das Handwerkszeug fehlen würde, sondern weil die Dokumentation eines Abenteuers von den Menschen vor und hinter der Kamera den gleichen Einsatz verlangt. Auf den folgenden Seiten zeigen wir die Film- und Fotokünstler, ohne die dieses Buch nicht möglich gewesen wäre. Manche von ihnen konnten wir nicht erreichen, um sie hier vorzustellen: Sie waren gerade auf Expedition.

NEIL SILVERWOOD IN MITTELERDE

Die große Leidenschaft des neuseeländischen Fotografen sind Höhlen. Zwar sind sie dunkle, schmutzige und unsichere Orte, aber sie sind auch unglaublich schön. Höhlen sind fantastische Archive der Geologie und des Lebens auf dem Planeten. Neil zeigt mit seinen Bildern, wie einzigartig die Welt unter Tage ist. Dabei inszeniert er die Lichtstimmung seiner Bilder selbst. Es kostet viel Geduld, Muskelkraft und Nerven, bis jeder Scheinwerfer im unterirdischen Labyrinth platziert ist, doch es lohnt sich jedes Mal.

INGE WEGGE WINTERSURFER

Der Norweger Inge Wegge studierte Kamera an der Hochschule für Film und Kunst auf den Lofoten. Zur Filmerei fand er schon mit 14 Jahren, als er mit seinen Freunden Skateboard-Filme drehte. Inge blieb der Kamera treu und dokumentierte immer wieder, was um ihn herum geschah. Das tun zu dürfen, was man liebt, und es in Filmen mit anderen zu teilen, ist ein großes Privileg, sagt Inge. Seit *North Of The Sun* arbeitete er an mehreren TV-Produktionen und schloss kürzlich sein jüngstes Filmprojekt ab: *Bear Island.*

KRYSTLE WRIGHT DER INNERE KOMPASS

Krystle ist eine Fotografin mit Pioniergeist: Getrieben von der Leidenschaft, neue und einzigartige Perspektiven zu finden, steigert sie mit ihrer Arbeit die Wahrnehmung von Extremsportarten und ihrer Athleten in der Öffentlichkeit. Auf der ständigen Suche nach neuen Herausforderungen richtet sie ihren Blick und ihre Kamera auf anspruchsvolle Abenteuer und Landschaften, in deren Genuss die Allgemeinheit nur selten kommt.

CHRISTIAN PONDELLA EISZEIT

Christian ist Abenteuersport-Fotograf mit Basis in Mammoth Lakes, Kalifornien. Er genießt es, die Welt zu bereisen, andere Kulturen zu erleben und entlegene Gebirgszüge zu fotografieren. Viele Sportarten, die er mit der Kamera verfolgt, übt er selbst aus. Mit dieser Unmittelbarkeit zieht Christian den Betrachter in den Bann des Geschehens. Er soll sich als Teil des Moments fühlen.

CORY RICHARDS *WINTERSEILSCHAFT*

Seine Kamera hat ihn in die wildesten und entlegensten Ecken der Welt gebracht, von vormals unbestiegenen Gipfeln in der Antarktis bis zum Himalaja. Cory Richards will nicht nur den Kern des Entdeckergeistes aufs Bild bannen, sondern auch die Schönheit der modernen Gesellschaft. Cory ist selbst passionierter Bergsteiger im The North Face Team und hat sich mit seinen Aufnahmen einen Platz unter den weltbesten Abenteuer- und Expeditionsfotografen erarbeitet.

DAMIEN DESCHAMPS *DER TRAUM VOM FLIEGEN*

Der 29-jährige Franzose ist Extremsportfotograf und Ski- und Snowboardlehrer in Chamonix. Mit 19 Jahren begann Damien die Berge auf eigene Faust zu erkunden und entdeckte die Fotografie für sich. Im Lauf der Jahre fotografierte er zunehmend Basesprünge. Er will die Momente extremer Schönheit einfangen, die er in den Bergen mit seinen Freunden erlebt. Ihn inspirieren die Unberechenbarkeit der Natur und die Herausforderung, unter schwierigen Bedingungen zu arbeiten.

RENAN OZTURK *DER LEUCHTENDE PFAD*

Renan ist weltweit bekannter Expeditionskletterer, Landschaftsmaler und Filmemacher. Für seine *Big-Wall-*Erstbegehungen, seine Filmprojekte und großflächigen Freiluftmalereien reiste er in die Höhen des Himalajas, den Dschungel Borneos und die Wüsten Afrikas. Mit Auszeichnungen der renommiertesten Bergfilmfestivals und viralen Erfolgen online zählen Renans visuelle Geschichten und seine Kameraarbeit zu den führenden Einflüssen der Outdoorindustrie.

LINCOLN ELSE REIFEPRÜFUNG

Lincoln ist Dokumentarfilmer, Fotograf und Regisseur mit Basis in San Francisco. Er arbeitete für *National Geographic,* Red Bull, Apple und zahlreiche unabhängige Produktionen. Er hat kein Händchen dafür, in der dritten Person über sich zu schreiben, aber bei einem Bier erzählt er euch gern seine Lebensgeschichte. Zu dieser gehören ein Philosophie-Studium an der Yale-Universität, drei Wochen in Guantanamo Bay, eine Gehirn-OP in Kathmandu und ein Wassermelonenessen auf El Capitan, Yosemite.

JULIE GAUTIER IM RAUSCH DER TIEFE

Julie wurde auf der Insel La Réunion geboren und hielt lange Zeit den französischen Rekord im Tiefsee-Freediving (68 Meter). Ihr sportliches Können setzt sie auch in der Fotografie ein. Julie verbindet das Apnoetauchen mit einer einzigartigen Ästhetik, in der sie ihren künstlerischen Instinkt und die unendlichen Möglichkeiten der Bewegung unter Wasser vereint. Über Wasser arbeitet sie zudem als Autorin und Regisseurin. Zu ihren Filmprojekten zählen *Free Fall, Narcose* und *Ocean Gravity.*

TIM KEMPLE DSCHUNGELFIEBER

Als er seine erste Kamera in die Hand nahm, schrieb Tim in sein Tagebuch: »Ich bin total motiviert, mittellos und ich liebe jeden Moment in diesem Zustand.« Seitdem sind ein paar Jahre vergangen und er hat ein paar graue Haare mehr, aber an diesem Empfinden hat sich nicht viel geändert. Tim liebt es, Geschichten zu erzählen, die Energie der Stadt und die Schönheit der Berge zu zeigen und mit einem Film Gefühle zu wecken. Seine Arbeit führte ihn bereits in 30 Länder auf sechs Kontinenten.

BAFFIN BABES TANZ DER PINGUINE

Vera Simonsson ist Teilhaberin und Expeditionsleiterin bei Vega Expeditions, ein Veranstalter von Schiffs- und Skiexpeditionen in Spitzbergen. Sie lebt in Molde, Norwegen. Emma Simonsson ist Veras jüngere Schwester und lebt in Henningsvær auf den Lofoten. Sie ist ausgebildete Sozialarbeiterin und arbeitet mit Kindern und Jugendlichen. Kristin Folsland Olsen lebt ebenfalls in Henningsvær, Lofoten. Sie arbeitet als Fotografin und Autorin. Die Baffin Babes halten regelmäßig Vorträge über ihre Abenteuer.

CHRIS BRAY DURCHGEZOGEN

Der Fotograf, Autor und Abenteurer Chris Bray organisiert exklusive Foto-Safaris auf der ganzen Welt. Seine Frau Jess und er waren die ersten Segler, die mit einem Dschunkensegelboot die Nordwestpassage durchfuhren. Chris ist Berater für die Australian Geographic Society und gründete Conservation United, eine Crowdfunding-Initiative, die weltweit wichtige Arterhaltungsprojekte unterstützt.

COREY RICH REIFEPRÜFUNG

Vor bald zwei Jahrzehnten betrat Corey Rich die Welt aus Schnee, bewegtem Wasser und Fels: Als der Extremsport den Weg in den Mainstream der USA fand, stand Corey bereit, um die Geschichten von Athleten wie Chris Sharma, Eric Jackson und Lisa Anderson zu erzählen. Die Redaktionen von *National Geographic Adventure*, *The New York Times Magazine* und *Sports Illustrated* versorgt er regelmäßig mit verblüffenden und unvergesslichen Aufnahmen aus den wildesten Winkeln der Welt.

ANSON FOGEL DSCHUNGELFIEBER

Ansons lebenslange Leidenschaft fürs Filmemachen wurde in seiner Kindheit geweckt, die er im bergigen Westen der USA verbrachte. Wenn er sich nicht gerade in den Bergen herumtrieb, verschlang er Bücher, hörte Musik und sah sich Filme an. Heute ist er für einen gefühlsgeladenen bildgewaltigen Stil bekannt, der seinen Ursprung in der Natur findet. Für seine Filme wurde Anson bislang mehr als 20-mal ausgezeichnet, unter anderem mit dem Großen Preis des Banff Mountain Film Festivals.

JIMMY CHIN GRATWANDERUNG

Jimmy ist einer der gefragtesten und renommiertesten Abenteuersport-Fotografen und Filmemacher der Gegenwart und arbeitete bereits mit einigen der fortschrittlichsten Athleten und Entdeckern der Welt. Er dokumentiert nicht nur bahnbrechende Expeditionen weltweit, er nimmt auch aktiv an ihnen teil: von namhaften Erstbegehungen im Karakorum bis hin zu Erstabfahrten von Gipfeln im Himalaja. Er ist *National-Geographic*-Fotograf und erhielt für seine Arbeit bereits zahlreiche Preise.

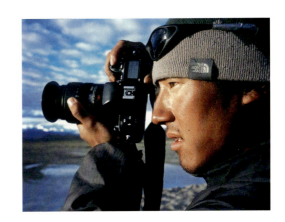

CHRISTOPH REHAGE DAS VERGESSENE LAND

Christoph studierte in München Sinologie und verbrachte zwei Studienjahre in Peking. Von dort machte er sich auf, zu Fuß durch China nach Hause zu wandern. Sein Gepäck zog er auf einem Wägelchen hinter sich her. Das Video *The Longest Way,* das auf dieser Reise entstand, wurde zu einem YouTube-Hit. Bei Malik sind ein Reisebericht, bei National Geographic ein Bildband über seine China-Reise erschienen. Im Moment arbeitet Christoph als Kolumnist bei einer chinesischen Zeitung.

MANUEL FERRIGATO REIFEPRÜFUNG

Der aus Brixen stammende Allround-Fotograf konzentriert sich unter anderem auf Landschaften, Porträts und Sport. Zur Fotografie gelangte er während seines Design-Studiums in Mailand. Danach arbeitete Manuel sieben Jahre als Werbefotograf in Hamburg, bevor er sich aus dieser glatten Welt verabschiedete, um auf dem International Mountain Summit authentische Menschen zu fotografieren – der Startschuss für seine Arbeit als Outdoor-Fotograf und eine Rückkehr zu seinen Südtiroler Wurzeln.

MARTIN HANSLMAYR REIFEPRÜFUNG

Martin klettert seit 26 Jahren, seit einem Jahrzehnt verbindet er seine Faszination für Berge mit der Filmarbeit. Er filmt und fotografiert in den entlegensten Gebieten: ob im Yosemite Valley mit Thomas und Alexander Huber oder mit David Lama am Cerro Torre und in Pakistan am Broad Peak auf 6300 Metern Höhe bei minus 20 Grad. Das Abenteuer, die Wildnis und der Mensch mit seinen Geschichten stehen bei seiner Arbeit im Fokus.

THOMAS WITT

Thomas Witt, 1960 in Norddeutschland geboren, studierte nach seiner Ausbildung und Traineezeit bei Gruner + Jahr BWL und Journalistik. Zuletzt war er als Geschäftsführer in einem internationalen Agentur-Network tätig, bevor er gemeinsam mit Joachim Hellinger die Kommunikationsagentur Moving Adventures gründete. Bei der EUROPEAN OUTDOOR FILM TOUR legen Witt und Hellinger den inhaltlichen Fokus auf Inspiration, Abenteuer und außergewöhnliche Geschichten.

KEN ROBINSON REIFEPRÜFUNG

Der gebürtige Brite lebt in Patagonien, Argentinien. Einen Großteil seiner Karriere hat Ken in der Postproduktion der Filmbranche gearbeitet. Seit 2010 koordiniert er Luftaufnahmen für verschiedene Filmprojekte für Firmen wie Planetaire AB und Red Bull Media House. Von 2011 bis 2012 arbeitete er an *Cerro Torre – A Snowball's Chance in Hell* im Westen Patagoniens.

FRANZ HINTERBRANDNER REIFEPRÜFUNG

Franz stammt aus Berchtesgaden und ist in den Bergen aufgewachsen. Von klein auf immer in Bewegung und auf der Suche nach dem Besonderen, wurden das Filmen und Fotografieren zu seiner Leidenschaft und schließlich zum Beruf. 2001 gründete er mit Max Reichel die Filmproduktionsfirma Timeline Production. Seither begleitet er viele namhafte Sportler auf ihren Expeditionen.

JOACHIM HELLINGER

Joachim Hellinger, 1966 in Stuttgart geboren, arbeitete nach seinem Studium international als Regisseur für Werbefilme und Dokumentationen. Gemeinsam mit Thomas Witt gründete er die Kommunikationsagentur Moving Adventures, die sich den Bereichen Sport, Natur und Abenteuer verschrieben hat. 2001 riefen Witt und Hellinger die EUROPEAN OUTDOOR FILM TOUR ins Leben – die mittlerweile größte Filmtour der europäischen Outdoor-Community.

IMPRESSUM

HERAUSGEBER Joachim Hellinger, Thomas Witt

REDAKTION European Outdoor Film Tour, Daniela Schmitt

TEXTE Kyle Dempster (Straße nach Karakol), Paula Flach (Im Rausch der Tiefe, Übersetzung: Tanz der Pinguine), Kristin Folsland Olsen, Vera Simonsson, Emma Simonsson (Tanz der Pinguine), Joachim Hellinger (Editorial), Alex Honnold (Der leuchtende Pfad), Christoph Leischwitz (Wintersurfer, Durchgezogen, High Life, Der neue Robinson), Christoph Rehage (Das vergessene Land), Angela Lieber (Winterseilschaft, Strom des Lebens), Daniela Schmitt (Der innere Kompass, In Mittelerde, Der Traum vom Fliegen, Riesenaufriss, Speed und Ski, Eiszeit, Höhenluft, Reifeprüfung, Dschungelfieber, Gratwanderung, Übersetzung: Der leuchtende Pfad, Straße nach Karakol), Rabea Zühlke (Gipfel der Gefühle)

BILDREDAKTION European Outdoor Film Tour, Paula Flach

FOTOS Peter Bohler (S. 155), Benedikt Böhm / DYNAFIT (S. 88-93), Chris Bray (S. 64-72), Jimmy Chin (S. 204-212), Kyle Dempster (S. 194-203), Damien Deschamps (S. 60-63), Alex Ekins (S. 74-77), Lincoln Else / Red Bull Content Pool (S. 177), Manuel Ferrigato / Red Bull Content Pool (172, 174, 175 u.), Anson Fogel (S. 182-183), Kristin Folsland Olsen (S. 130-140), Julie Gautier (S. 122-127), Andreas Gradl / Red Bull Content Pool (S. 175 o.), Nicolaus Gruber (S. 186), Andreas Gubser (S. 58-59), Martin Hanslmayr / Red Bull Content Pool (S. 171 o., 176), Franz Hinterbrandner / Red Bull Content Pool (S. 171 u.), Tim Kemple (S. 178-180), James Kingston (S. 156-163), Chris Korbulic (S. 142-149), Tamara Lunger (S. 184-185, 187-193), Brian Mosbaugh (S. 104-105), Renan Ozturk (S. 150-152), Christian Pondella / Red Bull Content Pool (S. 112-121), Christoph Rehage (S. 78-87), Corey Rich / Red Bull Content Pool (S. 169, 170 o., 170 u.), Cory Richards (S. 40-45), Ken Robinson / Red Bull Content Pool (S. 166-167), Scott Rogers (S. 96-102), Xavier Rosset (S. 106-111), Neil Silverwood (S. 46-55), Ben Stookesberry (S. 142-149), Inge Wegge (S. 16-27), Krystle Wright (S. 28-39)

© NG Malik Buchgesellschaft mbH
Veröffentlicht von NATIONAL GEOGRAPHIC DEUTSCHLAND, 1. Auflage, Hamburg 2015
Alle Rechte vorbehalten. Reproduktionen, Speicherungen in Datenverarbeitungsanlagen oder Netzwerken, Wiedergabe auf elektronischen, fotomechanischen oder ähnlichen Wegen, Funk oder Vortrag, auch auszugsweise, nur mit ausdrücklicher Genehmigung des Copyright-Inhabers.

KONZEPT UND LEKTORAT Alexandra Schlüter
ART DIRECTOR Birthe Steinbeck
ILLUSTRATIONEN Birthe Steinbeck
GRAFIK Claudia Wolff
KORREKTORAT Hartmut Schönfuß
HERSTELLUNG Piper Verlag GmbH München, Svenja Becker
LITHO Lorenz & Zeller, Inning am Ammersee
DRUCK PHOENIX PRINT GmbH

Printed in Germany
ISBN 978-3-86690-444-6

UMSCHLAGVORDERSEITE Will Gadd, Helmcken Falls (Kanada)
UMSCHLAGRÜCKSEITE Oben links: Cory Richards, oben rechts: Kristin Folsland Olsen, unten links: Chris Korbulic

European Outdoor Film Tour ist eine Produktion der Moving Adventures Medien GmbH

EBENFALLS ERHÄLTLICH:
E.O.F.T. Abenteurer des 21. Jahrhunderts, Thomas Witt und Joachim Hellinger (Hg.), Malik
Best-of-E.O.F.T. DVDs & Blu-rays mit den Filmen zum Buch

Die National Geographic Society, eine der größten gemeinnützigen wissenschaftlichen Vereinigungen der Welt, wurde 1888 gegründet, um »die geographischen Kenntnisse zu mehren und zu verbreiten«. Sie unterstützt die Erforschung und Erhaltung von Lebensräumen sowie Forschungs- und Bildungsprogramme. Ihre weltweit mehr als neun Millionen Mitglieder erhalten monatlich das NATIONAL GEOGRAPHIC-Magazin, in dem namhafte Fotografen ihre Bilder veröffentlichen und renommierte Autoren aus nahezu allen Wissensgebieten der Welt berichten. Ihr Ziel: *inspiring people to care about the planet,* Menschen zu inspirieren, sich für ihren Planeten einzusetzen. Die National Geographic Society informiert nicht nur durch das Magazin, sondern auch durch Bücher, Fernsehprogramme und DVDs. Falls Sie mehr über NATIONAL GEOGRAPHIC wissen wollen, besuchen Sie unsere Website unter www.nationalgeographic.de.